GOLDMANN

Lesen erleben

Buch

Ob während der Schwangerschaft oder nach der Geburt, ein Kind verändert alles, ob man will oder nicht. Zuerst die Morgenübelkeit, explodierende Brüste und dann das Desaster, wenn die sexy Jeans und High Heels schließlich doch den freudlosen Schwangerschaftshosen und Turnschuhen weichen müssen. Hinzu kommen ungewollter Körperkontakt mit unverschämten Bauchbetatschern und noch ungewolltere Tipps zu Geburt und Kindererziehung. Wenn das Kind dann da ist, geht es erst richtig rund: Der erste Businesstrip nach der Geburt beginnt mit einem Milchfiasko in der Flugzeugtoilette, das romantische Rendezvous mit dem Ehemann endet mit einem vom Kind vollgekotzten Seidenneglige. Mit viel Witz und Humor berichtet Lucie Marshall davon, wie ihr kleiner Sohn Sam ihr glamouröses Hauptstadtleben umkrempelt und sie der Spagat zwischen Kind, Beruf und Beziehung mitunter an den Rand der Verzweiflung treibt. Dabei nimmt sie kein Blatt vor den Mund und spricht aus, was andere Mütter kaum zu denken wagen …

Autorin

Tanya Neufeldt, geboren 1972, ist Schauspielerin und bekam mit 37 Jahren ihr erstes Kind. Seitdem schreibt sie als Lucie Marshall einen erfolgreichen Blog über die alltäglichen Herausforderungen und Erlebnisse als Mutter. Seit Mai 2014 erscheint außerdem ihre Kolumne in der *Freundin*. Tanya Neufeldt lebt mit ihrer Familie in Berlin-Mitte.

Auf High Heels in den Kreißsaal

GOLDMANN

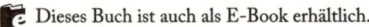 Dieses Buch ist auch als E-Book erhältlich.

MIX
Papier aus verantwor-
tungsvollen Quellen
FSC® C014496

Verlagsgruppe Random House FSC® N001967
Das für dieses Buch verwendete FSC®-zertifizierte Papier *Classic 95*
liefert Stora Enso, Finnland.

1. Auflage
Originalausgabe Oktober 2014
Wilhelm Goldmann Verlag, München,
in der Verlagsgruppe Random House GmbH
© 2014 Wilhelm Goldmann Verlag, München,
in der Verlagsgruppe Random House GmbH
Umschlaggestaltung: Uno Werbeagentur, München
Umschlagfoto: Vorderseite und Klappe © Die Hoffotografen GmbH
Redaktion: Angelica Bahlke
Satz: Buch-Werkstatt GmbH, Bad Aibling
Druck und Bindung: GGP Media GmbH, Pößneck
AB · Herstellung: IH
Printed in Germany
ISBN 978-3-442-17462-1
www.goldmann-verlag.de

Besuchen Sie den Goldmann Verlag im Netz

*Für Ruth und Ellen,
meine Schutzpatroninnen*

Inhalt

Teil 1

50 Wochen und sechs Tage später ...

Teil 2

Teil 3

Liebe Lucie,

ich lese deinen Blog wahnsinnig gerne und freue mich immer auf die neuesten Geschichten von dir und deiner Familie.

Allerdings heißt dein Blog doch »How my boobs became food«, und ich frage mich seit einiger Zeit: Wie sind denn deine <u>boobs</u> eigentlich zu <u>food</u> geworden? Dein Blog fängt doch erst an, als Sam zweieinhalb ist und da hast du ihn ja zum Glück nicht mehr gestillt.

Also, ich würde mich freuen, wenn du mir vom Anfang erzählst. Ich werde nämlich selbst bald Mutter und würde gerne vorbereitet sein.

Deine Ella

Liebe Ella,

oh, mein Gott! Habe ich dich richtig verstanden?
Du willst Ratschläge von <u>mir??</u> Bist du sicher, dass
du <u>meinen</u> Blog meinst? Ich habe mir deine E-Mail
sofort ausgedruckt und an den Badezimmerspiegel
geklebt. DANKE!

Ich habe aus der untersten Tischschublade meine alten
Notizen aus der Anfangszeit mit Sam herausgekramt.
Naja, eigentlich sind es keine Notizen. Eher ein
Projektskizzenplan oder vielleicht noch treffender
ein »Gewitterbuch«. Meine Großmutter hatte schon
so ein Buch, in das sie immer alles reinschrieb, was
sie beschäftigte, Gedanken, Anekdoten usw.
Mein Gewitterbuch habe ich noch ganz old school
mit der Hand geschrieben. Und tadaa! Hier ist es.
Ich habe dir alle »wichtigen« Einträge rausgesucht.
Ich wage zu bezweifeln, dass sie dir wirklich bei der Vorbe-
reitung helfen ... aber egal.
Viel Spaß beim Lesen und toi toi toi!

Liebste Grüße
deine Lucie

Teil 1

»Somewhere between love and madness lies motherhood.«

Unbekannt

6. Juni

Miese Turmfrisuren in Bad Neuenahr

Auf dem Handy steht 06:54 Uhr. Ich liege in Bad Neuenahr im Hotelbett. Ich habe brüllende Kopfschmerzen und diesen miesen, verbrannten Geschmack von zu vielen Zigaretten auf der Zunge. Ich habe noch meine Bluse von gestern an, inklusive BH und der hautfarbenen Strumpfhose. Als ich mich ins Bad schleppe, brennen meine Füße von den High Heels, die ich gestern Abend getragen habe. Ein Blick in den Spiegel bestätigt, dass ich genauso zerstört aussehe, wie ich mich fühle: verschmierter Mascara und Vogelnester in den Haaren.

»Lucie, wir müssen reden«, sage ich laut zu meinem Spiegelbild, »so geht das nicht weiter. Du bist fast 36. Wenn nicht jetzt, wann dann?«

Ich nicke meinem Spiegelbild zu: »Ja, du hast recht!« Ich richte mich auf und versuche, die Nacht von mir abzuschütteln. »Ich nehme jetzt ein Bad und dann … dann geht's los!«

Während ich in der Wanne liege, lasse ich den Abend Revue passieren: Es ist ein Abend wie viele andere zuvor, ein Job wie viele andere zuvor: Ich moderiere eine Modenschau im Casino Bad Neuenahr unter dem Motto »Eine russische Nacht«. Ehrlich gesagt ein No-brainer, ein Gig, gut bezahlt und tschüss.

Ich sitze in der Maske, der Maskenbildner Herbert baut mir gerade eine Turmfrisur aus fünf Haarteilen und 300 Haarspangen (was sich Maskenbildner aus Bad Neuenahr halt so unter »russisch« vorstellen). Mein goldenes Kleid kratzt wahnsinnig. Um ehrlich zu sein, ich sehe aus wie ein Ferrero Rocher. Mein Agent Roman kommt überraschend vorbei. Er lässt sich bei so etwas Unglamourösem normalerweise nicht blicken. »Luciiiie, kleine Überraschung, du hast heute eine Co-Moderatorin.«

Hä?

»Ich weiß, das ist sehr kurzfristig, aber ihr beide gebt einfach ein super Paar ab. Und du bist doch immer für Spontanes zu haben. Britta ist ganz neu im Geschäft und ich habe sie unter meine Fittiche genommen. Und ich dachte, na, von wem kann sie mehr lernen als von dir altem Zirkuspferd?!«

ALTES Zirkuspferd??? Zirkuspferd meinetwegen, aber ALT? Der Maskenbildner steckt seinen Kopf ganz tief in die Haarspangenschachtel, meine Augen speien Feuer und Roman bemerkt seinen Fauxpas: »Oh Gooooott, Lucie, das hast du jetzt total in den falschen Hals bekommen. Ich meinte, ihr ergänzt euch einfach super, sie ist jung und blond und ... und ... und ... äh.« Er spürt, dass er aus der Nummer nicht mehr rauskommt: »Ich hole sie einfach mal schnell her, dann könnt ihr euch kennenlernen. Du wirst sie LIEBEN! Wie deine eigene Tochter! Äh, kleine Schwester … äh, ich hole sie jetzt mal.«

Und schon schwebt Britta elfengleich in den Raum: Sie hat ein hellblaues Empire-Seidenkleid an, ihre weichen, blonden Haare fallen in sanften Wellen über ihre Schultern. Ich habe sogar das Gefühl, dass ein Lichtkegel sie umgibt, aber vielleicht bilde ich mir das auch nur ein.

Sie setzt sich neben mich und Roman verzieht sich (»Ich will euch Ladys mal nicht stören.«). Britta quasselt sofort drauflos: »Das ist sooo toll, ich bin so aufgeregt …«.

Ihr Wortschwall verwandelt sich zu einem großen Rauschen in meinem Ohr und ich denke: »Reiß dich zusammen, Lucie, mach jetzt nicht auf Joan Collins.«

Britta kichert und quasselt weiter, ich kann ihr kaum folgen. Dann beugt sie sich vor und flüstert mir verschwörerisch zu: »Ich hoffe, man sieht nix.«

Wovon redet sie? Ich hatte schon bei »ich bin so aufgeregt« abgeschaltet.

Sie redet einfach weiter: »Ich bin im dritten Monat schwanger.«

»Aber du bist doch noch ein Kind!«, platzt es aus mir heraus.

Der Maskenbildner steigt jetzt mit ins Gespräch ein: »Wie toll ist das denn, Britta? Ich gratuliere!! So wie du strahlst, habe ich mir das doch gleich gedacht. Meine Frau hat bei ihrer ersten Schwangerschaft auch so von innen geleuchtet.«

Ich schaue den Maskenbildner an: »Wie … deine Frau? Bist du nicht schwul? Du bist doch Maskenbildner!«

Das war's. Jetzt habe ich beide gegen mich aufgebracht. Und beide reden auf mich ein. Britta erklärt mir empört, dass sie überhaupt kein Kind sei und ihre Mutter hätte auch so früh Kinder bekommen: »Auf Torschlusspanik Mitte 30 habe ich keine Lust.«

Und Herbert erklärt mir pikiert, dass ich mal dringend über meine Vorurteile nachdenken sollte: »Man kann auch hetero sein und trotzdem Schminke und Haare lieben.«

Ich bringe den Abend über die Bühne. Ich bin ja ein Zirkuspferd. Ich lasse aber keine Möglichkeit aus, dem kleinen Elfenfohlen ein Bein zu stellen. Es ist billig, aber es tut gut. Geh doch noch mal ein bisschen auf die Koppel, meine Liebe.

Im Hotelzimmer angekommen, leere ich den Gin und Tonic aus der Minibar, bemitleide mich selbst, um dann mit einem angemessenen Pegel meinen Mann Marc anzurufen.

»Ich will ein Kind«, blöke ich ins Telefon.

»Jetzt gleich?«, fragt er, leider nüchtern. »Das wird nicht ganz leicht. Weil du in diesem Kaff bist und ich in Berlin.«

Völlig falsche Antwort. Ich zicke weiter: »Wir sind jetzt schon seit fünf Jahren verheiratet und ich bin immer noch nicht schwanger. Ich meine, irgendwie sind alle schwanger. Sogar Raffaella, die immer gesagt hat, sie verstünde gar nicht, warum sich alle mit dem Kinderkriegen so beeilen.«

»Wenn ich mich recht entsinne, wolltest du bisher unter keinen Umständen, ich zitiere: ›so entsetzlich früh Kinder kriegen‹.« Ich kann ihn am anderen Ende der Leitung förmlich grinsen hören.

»Was ist denn los, Lucie?«

Es bricht aus mir heraus. Ich schluchze und schimpfe über den desaströsen Abend mit diesem jungen Ding, über meinen Agenten, den nichtschwulen Maskenbildner, während ich rauchend am Fenster meines Nichtraucherzimmers sitze:

»Ich hätte nie gedacht, dass ich mit knapp 36 mal in einem miesen Hotelzimmer in Bad Neuenahr sitze, billigen Gin trinke und mir von einer schlecht blondierten Zwanzigjährigen sagen lassen muss, dass man lieber früher als später Kinder kriegen sollte. Ich dachte immer, ich habe mein Leben im Griff.«

Ich erinnere mich nicht mehr genau, wie das Telefonat endete. Ich glaube, ich habe danach sogar noch versucht, meine Freundinnen Hilly und Raffaella anzurufen. Aber die Verräterinnen hatten ihr Handy während meines Notfalls einfach ausgestellt.

Während ich am nächsten Morgen in der Badewanne aufweiche und den Abend abwasche, murmle ich vor mich hin: »Okay. Ich nehme jetzt die Zügel wieder in die Hand. Die Branche habe ich nicht im Griff, aber jetzt widme ich mich meinem nächsten Auftrag, bei dem nur ich Regie führe. Und die Hauptrolle bekommt: meine Tochter.«

50 Wochen
und sechs Tage
später ...

21. Mai

Ein Streifen, zwei Streifen, machen Streifen nicht dick?

Seit Monaten belauere ich meinen Zyklus – wie eine Katze die Maus. Ich führe penibel Kalender, trinke an fruchtbaren Tagen keinen Alkohol und rauche nicht. Außerdem esse ich vorsichtshalber kein rotes Fleisch und verzichte auf Rohmilchkäse. Aber bei jedem negativen Test lasse ich es zehn Tage lang noch mal so richtig krachen: Einen letzten Gin Tonic, eine letzte Zigarette und dazu ein Steak, schön blutig bitte. Irgendeinen Vorteil muss es doch haben, dass ich noch nicht schwanger bin. Mein Zyklus gleicht einer Schweizer Uhr. Was ist nur los? Vielleicht muss ich mehr Yoga machen oder einfach mehr Sex haben?

»Entspann dich einfach mal«, rät mir meine Freundin Raffaella, die im letzten Oktober ihre Tochter Greta bekommen hat: »Zu viel Sex ist auch nicht gut. Dann kommt da nicht mehr genug raus. Ist ja eigentlich auch total logisch. Das Zeug muss ja erst nachproduziert werden.«

Oh Gott, das kann auch passieren? Daran hatte ich noch gar nicht gedacht.

»Hast du es eigentlich sofort gemerkt, als du schwanger wurdest?«, frage ich sie. »Also, bevor deine Regel ausblieb?«

»Ich habe sogar genau gemerkt, in welcher Nacht ich schwanger wurde«, erzählt sie mir verträumt.

Das ist doch zum Kotzen. Ich fühle nix, weder beim Sex noch jetzt. Und morgen ist eigentlich der Tag, an dem ich meine Tage bekommen müsste. Oder eben auch nicht.

Ich stelle mir abends den Wecker. Ich will allein sein, wenn ich den Test mache.

Marc ist mittlerweile schon etwas genervt: »Lucie, atmen, es wird schon. Aber nicht, wenn du es mit Argusaugen bewachst. Du machst mich wahnsinnig.«

Beim Stellen des Weckers komme ich ins Grübeln: Ab wann ist Pipi eigentlich »Morgenurin«? Auf wie viel Uhr stelle ich den denn jetzt? Ich entscheide mich für vier Uhr morgens.

Pünktlich um vier reißt mich der Alarm des Weckers aus dem Schlaf, ich bin sofort hellwach und schleiche aufs Klo. Marc schläft tief und fest. Ich muss wahnsinnig dringend. Ich hätte gestern Abend doch nicht so viel Tee trinken sollen.

Mit voller Blase versuche ich, den letzten Schwangerschaftstest aus der 5er-Packung zu zerren. So, jetzt bloß nichts falsch machen, das hier ist der letzte. Ich will zur Sicherheit noch mal schnell den Waschzettel lesen. Meine Blase drückt furchtbar. Ich tanze auf Zehenspitzen mit zusammengekniffenen Beinen durch das halbdunkle Badezimmer und versuche, die deutsche Version der Gebrauchsanweisung zu finden: japanisch, holländisch, arabisch … mein Gott, wo ist denn Deutsch oder wenigstens Englisch? Ich mache mir gleich in die Hose.

Endlich habe ich es: »Test aus Verpackung nehmen … Mittelstrahlurin … 30 Sekunden …« Ich überfliege den Waschzettel, während ich mit den Zähnen und meiner linken Hand die Verpackung mit dem Teststäbchen aufreiße. Ich kann nicht mehr, schaffe es gerade noch aufs Klo und pinkle mir erst mal auf die Finger. Zum Glück treffe ich aber auch das Teststäbchen. Oh, tut das gut.

30 Sekunden warten. Wahnsinn, wie lange 30 Sekunden sein können. Ich bürste mir die Haare. Soll ich mir noch die Nägel lackieren? Ich hypnotisiere das Teststäbchen. Der Teststreifen verfärbt sich blau … ich starre weiter, traue mich kaum zu blinzeln. Ich will nichts verpassen. Ein Hauch von Streifen taucht neben dem anderen auf. Ist das wirklich ein Streifen? Oder flimmern nur meine Augen?

»Komm schon, werde dunkler«, sporne ich den Streifen leise an.

Er hört auf mich.

»Komm schon, komm schon«, rufe ich immer lauter.

Ich schalte alle Lichter im Bad an. Der zweite Streifen wird immer deutlicher sichtbar.

»Mach schon«, feuere ich jetzt das Teststäbchen an. Ich tanze wie eine Cheerleaderin beim Footballspiel. Wo sind meine Pompons?

Die Badezimmertür geht auf und Marc steht verschlafen in der Tür: »Was zum Teufel machst du hier, Lucie? Es ist mitten in der Nacht!«

Ich stehe nur in Unterhose, zitternd vor Aufregung, in der Mitte des Badezimmers und halte das Teststäbchen hoch wie eine Trophäe.

»Wir bekommen ein Baby!!«, brülle ich schluchzend.

Marc steht erst wie versteinert in der Tür, bevor er hektisch wird: »Zeig mir das Test-Ding«.

Er starrt auf das Stäbchen, greift nach dem Waschzettel: »Wo zum Teufel ist Deutsch?«

Er liest konzentriert die viel zu kleinen Zeilen und starrt mich ungläubig an.

»Wir kriegen ein Baby!«, brüllt er. »Wie unglaublich ist denn das??? Ich brauch jetzt erst mal ein Bier.«

Fünf Minuten später liegen wir im Bett. Er mit Bierflasche, ich mit Entspannungstee. Es ist 4:32 Uhr. Es ist vollbracht. Wir werden Eltern.

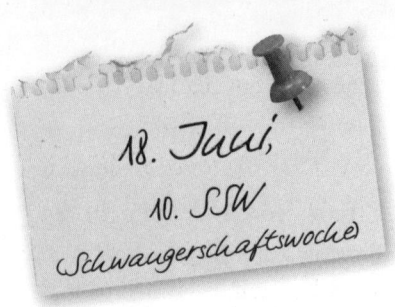

18. Juni,
10. SSW
(Schwangerschaftswoche)

Kotzen au der Tram

Zu Marcs großem Bedauern habe ich keine Fressattacken oder irgendwelche anderen Schwangerschaftssymptome. Irgendwie hat er davon geträumt, als werdender Vater von mir morgens um drei Uhr für einen McFish zu McDonalds geschickt zu werden, um dann nach seiner Rückkehr sofort für Schokoeis mit Lakritze zur Tanke zu müssen.

Ich weiß ehrlich gesagt nicht, was daran so toll sein soll, morgens um drei Uhr vor die Tür zu müssen. Aber Marc hat diese romantische Vorstellung, dass das während der Schwangerschaft sein Job ist: »Was kann ich denn sonst dazu beitragen? Ich fühle mich so nutzlos.«

»Such dir eine Werdende-Väter-Gruppe oder sonst was, aber lass mich in Ruhe«, raunze ich ihn an. Er findet mich undankbar.

Sobald ich nachts mal aufstehe, um aufs Klo zu gehen, ist er sofort hellwach: »Ist alles okay? Willst du Gurken? Vanilleeis? Spaghetti?«

»Nein, ich muss aufs Klo«, murmle ich verschlafen.

»Ist dir schlecht, soll ich dir helfen?«

»Nein, ich will nur pinkeln, und das kann ich noch alleine.« Er ist enttäuscht.

Gestern ist er für eine Woche beruflich nach München gefahren. Und prompt wache ich heute Morgen auf und mir ist kotzübel. Ich schaffe es gerade noch aufs Klo. Habe ich einen Magenvirus, oder ist das die berühmte Morgenübelkeit? Ich bin jetzt in der elften Woche. Man sieht noch überhaupt gar nichts. Ich rufe meine Freundin Raffaella an, sie hat ja schon eine Schwangerschaft hinter sich. Ihre Tochter Greta ist jetzt ein halbes Jahr alt.

»Mach dir Ingwertee, Lucie«, rät sie mir. »Meine Frauenärztin hat mir gerade erzählt, dass Ingwer gut gegen Übelkeit in den ersten Wochen sei. Das wird auch in der Krebstherapie eingesetzt.«

Krebstherapie? Schöner Vergleich.

»Ich bin schwanger, Raffaella!«

»Koch dir den Tee, Lucie!«

Es hilft tatsächlich ein bisschen. Natürlich habe ich gerade heute einen Termin mit einem Kunden, für den ich im Sommer noch drei Moderationen machen soll. Ein erstes Kennenlernen. Ich kann dem unmöglich auf den Schoß kotzen. Aber ich will ihm auch nicht sagen, dass ich in der elften Woche schwanger bin. Das geht ihn nichts an. Ich mache mich erst mal ausgehfertig: enger Bleistiftrock, High Heels und Bluse mit Mörder-

Dekolleté. Beim Schminken fällt mir auf, dass ich ausgerechnet heute wahnsinnig müde aussehe und schwarze Ringe unter den Augen habe. Super Timing. Mir wurde immer erzählt, dass Schwangere dieses ganz besondere Strahlen haben – bei mir sind heute alle Lampen aus.

Bis ich endlich fertig bin, habe ich mich noch viermal übergeben. Jetzt ist nichts mehr drin im Magen. Das ist doch vielversprechend, rede ich mir ein: Wenn nichts drin ist, kann auch nichts rauskommen.

Eigentlich wollte ich mit dem Auto fahren, aber das wäre jetzt wirklich zu gewagt. Ich stehe an der Invalidenstraße. Taxi oder Tram? Ich habe plötzlich ein klaustrophobisches Gefühl bei dem Gedanken an ein Auto und entscheide mich kurzerhand für die Tram.

Es ist 9:30 Uhr, die Plattform der Tramstation ist voll. Ich laufe auf und ab, versuche die Übelkeit wegzuatmen. Es gibt Sekunden, da ist sie tatsächlich total verschwunden, aber dann holt sie erneut aus und schlägt zu. Die Tram kommt, die wartende Masse setzt sich in Bewegung, ich will auch gerade losgehen, da überfällt es mich: Begleitet von einem riesigen Rülpser kotze ich mir auf meine Schuhe. Viel kommt nicht raus, aber es ist trotzdem kein schönes Bild, wie ich mir die Spucke vom Mund wische.

Da steh ich nun in meinem Business-Outfit, und die wartende Menge und die volle Tram (inklusive Fahrer) starren mich an.

Und keiner denkt sich: »Oh, die arme Schwangere. Kann der nicht jemand helfen?« Man sieht ja noch nix! Ich habe noch nicht mal eine kleine Beule am Bauch!

Stattdessen begegnen mir nur abschätzende Blicke (»Die Alte hat wohl zu viel gesoffen …«), und ich sehe, wie die Leute sich beschämt wegdrehen (»Ist die nicht zu alt für Drogen? Schau dir mal die Ringe unter den Augen an …«), während ich versuche, mit einem Taschentuch meine Schuhe zu säubern. Zum Glück habe ich meine dunkelroten Prada-Lackschuhe an. Die lassen sich wenigstens gut abwischen.

Die Tram fährt los, ohne mich. Ich entdecke den Bioladen auf der anderen Straßenseite: »Eine Banane könnte jetzt helfen!«, schießt es mir durch den Kopf. Keine Ahnung, woher ich diese Eingebung bekomme. Ferngesteuert überquere ich die Straße.

Zehn Minuten später sitze ich, ausgerüstet mit zehn Bananen (drei davon in meinem Bauch) und Zahnputzkaugummis, im Taxi Richtung Kundenmeeting. Die Klaustrophobie habe ich notgedrungen überwunden. Ich bin einfach zu knapp dran.

Am Nachmittag liege ich in Jogginghose auf dem Sofa, zappe mich durchs Nachmittagsprogramm und telefoniere mit Marc. Von Übelkeit keine Spur mehr. Sie ist wie weggeblasen. Marc ist stocksauer: »Da passiert ENDLICH mal was, wo ich den Hero spielen könnte, und DANN bin ich nicht da. Kannst du bitte nächste Woche noch mal kotzen? Bitte!«

3. Juli,
13. SSW

Ausgeliefert oder
Kinder machen, was sie wollen

Ich sammle Mädchennamen: Polly, Elsa, Liv, Ava, Lola, Lulu. Es gibt unfassbar viele schöne Namen, die meisten stehen allerdings leider auf der Liste der beliebtesten Mädchennamen in diesem Jahr. Mein Favorit ist Holly. Kann jeder überall aussprechen und ist kurz und bündig. Ist zwar auch auf der Rangliste relativ weit oben, aber ich habe mich in den Namen verliebt. Marc hat ihn auch abgenickt. Ich habe ihn pro forma gefragt. Ich glaube, er ahnt wohl, dass er nicht wirklich was zu melden hat. Er trägt es mit Fassung.

Vor zwei Tagen hatten wir das Feinscreening, das man als »Risikoschwangere« nach der zwölften Woche bekommt. Und mit knapp 37 ist man eine Risikoschwangere. Als ich mich auf die Liege setzte, fragte die Ärztin, ob wir denn auch über mögliche Behinderungen informiert werden möchten. In diesem Moment traf mich die Erkenntnis wie ein Schlag, dass diese Möglichkeit bestand. Ich hatte das gar nicht in Betracht gezogen, so voller Glückshormone war ich gewesen. Mir wurde heiß.

»Äh«, stotterte ich und schaute Marc an. Der war auch total überfordert. Wie blauäugig waren wir eigentlich? In meiner Hybris, dass ich ein gesundes Mädchen mit blonden Locken (von Marc) und blau-grünen Augen (von mir) zur Welt bringen würde, hatte ich alles andere ausgeblendet.

Die Ärztin sprang ein: »Ich schaue jetzt erst mal. Es gibt ja keinen Anhaltspunkt, dass was sein sollte.«

Das Ultraschallgerät glitt über meinen Bauch, auf dem Bildschirm erschien ein verschwommenes Schwarzweißbild: War das ein Alien oder Darth Vader? Ich erkannte nur eine riesige Nase und eine große Schnute, ganz eindeutig Marcs Oberlippe. Das war ja schon mal gut. Als die Ärztin auf die anderen Körperteile hinwies, brauchte ich viel Phantasie, um ihr zu folgen. Das sollten die Beine von Germanys Next Topmodel sein? Und diese riesigen Füße würden hoffentlich nicht noch weiterwachsen? Sonst würde die Arme nur Sondergrößen tragen können. Das ist nicht lustig als Mädchen. Trotz Alien-Lookalike waren Marc und ich zu Tränen gerührt: Das war unser Baby! Sie bewegte sich und schien uns zu winken. Wahnsinn. Das passierte gerade alles in meinem Bauch.

»Es ist alles bestens«, die Ärztin strahlte. »Sie haben die Werte einer 20-Jährigen. Ganz großartig.«

Na klar, dachte ich. Nach dem kurzen Dämpfer war sie wieder da, meine Hybris. Zurück in voller Blüte.

»Möchten Sie das Geschlecht des Babys wissen?«, fragte sie.

»Unbedingt«, antworteten wir. Das war doch jetzt die Krönung des Tages: Die Bestätigung, dass wir eine Tochter bekommen würden. Marc und ich nickten.

»Also, ich sage das wirklich selten, aber ich sehe es hier gerade ganz deutlich: Es wird zu 100 Prozent ein Junge!«, verkündete sie strahlend.

Ein WAS?? Ein … ein … Junge? Ich war sprachlos. Ich MUSSTE mich verhört haben.

»Ein … ein … Junge?«, hörte ich mich sagen.

»Ja! Zu 100 Prozent!«, strahlte mich die Ärztin an.

»Aha«, presste ich hervor. Das erwischte mich völlig unerwartet. Marc schaute mich an und ahnte, dass ich unter Schock stand.

»Ein GESUNDER Junge, Lucie!«, sagte er in meine Richtung. »Großartig!«, ging in Richtung Ärztin. Er zog mich von der Liege und schob mich aus dem Zimmer. Ich schaffte es so gerade eben, ohne Nervenzusammenbruch zum Auto zu kommen.

Kaum losgefahren, gab ich mich meinem Elend hin.

»Ein Junge!«, schrie ich hysterisch. »Was mache ich denn mit einem Jungen?? Die sind so anders als ich. Das ist mir so fremd …« Ich heulte Rotz und Wasser und beschimpfte Marc: »Du bist schuld, du wolltest doch immer einen Jungen.«

Marc war schlau genug, sich aufs Autofahren zu konzentrieren und an den richtigen Stellen zu nicken. »Das größte Problem ist der Name! Es gibt einfach keine guten Jungennamen, die nicht schon 80 Mal vergeben sind.«

In unserer Straße angekommen, wollte ich möglichst schnell in die Wohnung, um mich ausgiebig zu bemitleiden.

»Lucie!«, hörte ich jemanden von der anderen Straßenseite rufen. Es war Gregor, ein befreundeter Schauspieler. Schnell zog ich meine Sonnenbrille aus den Haaren und auf die Nase, damit er meine verheulten Augen nicht sehen konnte.

»Hör mal«, sagte er, während er näher kam, »ich mache am Samstag eine Lesung von einem Sam-Shepard-Stück. Hast du nicht Lust, das anzumoderieren?« SAM Shepard? SAM!!

»Bin dabei«, rief ich ihm zu, dann drehte ich mich zu Marc: »Er wird Sam heißen!«, sagte ich mit wilder Entschlossenheit.

Marc stimmte mir sofort zu: »Sam. Super Name. Super Name. Super Name.«

Ich war mir nicht sicher, ob er das wirklich ernst meinte oder ihm nur die letzten 30 Minuten Geheule noch in den Knochen saßen. Das Leben hatte wieder einen Sinn: Ich hatte einen Namen!

PS
Gestern habe ich mit meiner Freundin Raffaella telefoniert und ihr nach langem Rumdrucksen erzählt, dass »Holly« ein Junge ist. Was für eine Niederlage! Raffaella kam aus dem Lachen nicht mehr heraus und konnte kaum sprechen. »Was ist daran so komisch?«, fragte ich sie immer wieder. Es dauerte eine ganze Weile, bis sie wieder genug Luft hatte, um zu sprechen.

»Du kannst ihn ja Holger nennen!«, prustete sie hervor.

Sehr witzig. Ich finde, damit spaßt man nicht. Ich muss aufpassen, was ich ihr demnächst erzähle.

PPS
Heute Morgen bin ich aufgewacht und dachte: Sam. Großartig. Wer braucht schon zickige Mädchen, die einen mit Lillifee nerven und sich mit 15 ungefragt meine teure Gucci-Handtasche ausleihen?

15. August,
20. SSW

Party mit ohne Michael Jackson

Auch während der Schwangerschaft lasse ich mir meine Party-leidenschaft nicht nehmen. Obwohl sich ein paar Details nachweislich geändert haben. Früher war ich richtig gut im Mixen von Drinks, heute bin ich ein Profi im Mixen von Säften aller Art. Mein Favorit ist eiskalter Apfelsaft (naturtrüb) mit frischen Gurkenwürfelchen. Ein Schuss Wodka würde das Ganze natürlich abrunden, aber was soll's. Die paar Monate bringe ich auch noch rum. Ich bin jetzt in der 20. Woche. Bergfest! Die erste Hälfte ist geschafft.

Es gibt allerdings einen großen Vorteil, wenn man schwanger auf eine Party geht: Man kann sie einfach verlassen, wenn es langweilig ist, ohne dass man irgendwelche haarsträubenden Ausreden erfinden muss.

Heute werde ich allerdings garantiert keine Ausrede brauchen, denn wir haben Straßenfest, und das ist immer der Kracher!

Unsere Straße ist 500 Meter lang und schon an normalen Tagen schafft man die Strecke nie unter 20 Minuten. Man trifft immer jemanden, mit dem man noch mal schnell quatschen möchte. Ganz schlimm ist es, wenn man vor dem Friseur stehen bleibt, dann kriegt man auch noch einen Tee und sitzt Minimum 20 Minuten auf der Bank vor dem Laden fest. Das Straßenfest ist quasi so wie jeder Tag, nur organisiert und mit Essen und Alkohol.

Es geht schon morgens um elf Uhr los. Meine Freundin Hilly ist natürlich mit dabei, obwohl sie gar nicht in der Straße wohnt. Für sie ist das Straßenfest auch so eine Art Abschiedsfest, denn Hilly zieht um. Sie hat ein Jobangebot von einer Firma im Ruhrpott, das sie einfach nicht ablehnen kann. Ehrlich gesagt ist es bei mir noch gar nicht richtig angekommen, dass sie bald nicht mehr täglich bei mir auf der Couch sitzen und Schokolade verschmieren wird. Das ist nämlich ihr ganz besonderes Talent. Sie schafft es, mit einem Ministück Schokolade acht bis zwölf Flecken auf der Couch zu hinterlassen. Um hinterher ganz erstaunt zu fragen: »Wie? War ich das? Wie geht denn das?«

Marc, Hilly und ich sind zusammen mit Thorsten (dem Friseur) für den Waffel- und Proseccostand verantwortlich. Wir sind natürlich die Attraktion für alle Kinder (Waffeln) und Mütter (Prosecco). Die beiden Jungs und Hilly helfen ordentlich mit, den Proseccobestand zu dezimieren, während ich bereits nach zwei Stunden 14 Waffeln gegessen habe. Thorsten reicht mir immer wieder ein Glas Prosecco. Je höher sein Pegel steigt, desto nachhaltiger scheint er die Tatsache, dass ich schwanger bin, zu ignorieren. Egal, wie oft ich ihn darauf aufmerksam mache, er hat es anscheinend sofort wieder vergessen. Ich nippe jedes Mal und schütte den Rest in seine Blumenkübel.

Um 14 Uhr schließen wir den Stand wegen Kahlfraß. Marc verzieht sich zum Pokerspielen in irgendeine Garageneinfahrt. Hilly hat sich schon vor einer Stunde mit den Worten »Ich hole mal was anderes zu trinken« verabschiedet und ward seitdem nicht mehr gesehen. Ich lege mich für ein kurzes Nickerchen auf einen der Friseurstühle am Haarwaschbecken. Meine Nachbarin Melanie kommt vorbei. »Wo ist denn dein Sohn?«, frage ich sie. »Ach, der schläft in seinem Buggy im Fahrradkeller.«

Die ist ja eine coole Sau. Das muss ich mir merken. So eine Mutter will ich auch werden.

Als ich nach 45 Minuten wieder aufwache, sind die meisten schon voll wie die Haubitzen. Den Rest des Nachmittags verbringe ich zunächst an der Grillstation, bevor ich an die Caipi-Bar wandere, um wenigstens beim Mixen mitzuhelfen, wenn ich schon nicht trinken darf. Die beiden Barkeeper freuen sich sehr über nüchterne Unterstützung, anscheinend waren auch sie ihre besten Kunden. Hilly sehe und vor allem höre ich immer wieder aus der Entfernung, sie feiert ihren Abschied nach allen Regeln der Kunst.

Um 20:30 Uhr sind alle strackedicht. Ich gehe wieder zurück zu unserem alten Stand, der jetzt zur Gin-Bar umfunktioniert wurde. Es wird dringend nach einem DJ gesucht, der noch die kleinen Knöpfe an der Anlage bedienen kann, ohne sie dabei abzureißen. Meine Bewerbung wird sofort einstimmig angenommen.

Man wünscht sich Michael Jackson, ich spiele alle Hits. Es wird getanzt und mitgesungen: »Billy Jean is not my lover …« Langsam verwandelt sich die Tanzgemeinschaft in eine Michael-Jackson-Trauergemeinde. Der Alkoholpegel steigt immer weiter, da rollen die ersten Tränen. Eine Gruppe von fünf Frauen Ende 40 sind besonders mitgenommen. Man erzählt sich von alten Konzerten, den besten Hits und »Erinnerst du dich noch an die Strophe von …«. Die Galeriebesitzerin wankt auf mich und mein DJ-Pult zu.

»Sa ma«, lallt sie, »könnesdu ›shesoutamylife‹ spieln?«

Na klar, bei gefühlten acht Promille ist das auch einfach der beste Song.

Sie stützt sich auf mich, schwankt und schielt mich an: »Weidu was, der Tod von Meikäl Schacksson wa sooo schlimm … so fuchbaa … schlimma als nein eläven …«

Ich stutze: »Reden wir von DEM 11. September?«

Ihre Antwort: »Jaaa! Woffon 'n sons?«

Wow. Okay, für die Transferleistung braucht man die 16 Prosecco im Blut. Ganz kurz juckt es mich, in die Diskussion einzusteigen. Ich setze schon an, aber dann merke ich: Mir fehlt der Pegel dazu. So nüchtern wie ich bin, werden mir keine Argumente einfallen, denen sie folgen kann. Gedankenverloren klopft sie mir auf die Schulter und torkelt zurück zu ihrer Trauergemeinde.

Hilly stolpert vorbei und liegt mir trunken in den Armen: »Lusie, isch wärde disch so vermissen. Aba du bis dann ja eh Mama und alles wird andars …«.

Wird es das? Ich gehe ja nicht davon aus. Aber ich werde Hilly auch ganz furchtbar vermissen.

Um drei Uhr verlasse ich mein DJ Pult und gehe ins Bett. Ich kann nicht mehr. Mein Rücken bricht gleich auseinander. Um sechs Uhr kriecht Marc zu mir ins Bett: »Oh Gott, ich habe jetzt schon so schlimmen Muskelkater in den Oberschenkeln.«

»Wovon redest du?«, murmle ich verschlafen.

»Ich habe von 14 Uhr bis jetzt in der Garageneinfahrt gepokert. Irgendwann war's zu dunkel, und um das Licht einzuschalten, musste ich immer kurz aufstehen, damit der Bewegungsmelder reagiert. Mach das mal 16 Stunden lang.«

Ja, er tut mir aufrichtig leid.

22. September,
25. SSW

Gleichgewichtsübungen

Ich bin zu einer Preisverleihung eingeladen und seit Tagen überlege ich fieberhaft: Was soll ich nur anziehen?? Der Bauch ist gar nicht mal so das Problem. Ich bin in der 25. Woche und er sieht aus, als ob ich eine Portion Pasta zu viel gegessen hätte. Mein eigentliches Problem ist meine Oberweite. Ich habe normalerweise eine niedliche 70A, der ich mit Push-up, Wonderbra oder Polstern zu einer 70B verhelfen kann.

Jetzt habe ich eine 70 Doppel-D. Bei aller Freude über mehr Holz vor der Hütte: Das ist mir zu viel. Wenn ich mich vorbeuge, muss ich aufpassen, dass ich nicht vornüberkippe. Ich kann damit nicht umgehen. Mein Gleichgewichtssinn ist aus dem Lot. Ich verstehe nicht, wie Frauen das machen, die sich noch größere Brüste operieren lassen. Gibt es Kurse, in denen man lernt, wie man sich damit bewegt? Und zahlt das die Krankenkasse? Man macht sich ja gar keine Vorstellung davon, was für Konsequenzen so eine Brustvergrößerung hat.

Marc war zunächst total begeistert. Aber die Dinger schmerzen so sehr, dass er sie nicht anfassen darf.

»Da sitzt man vor einem Fünf-Gänge-Menü und darf nicht essen«, mault er. Ich finde viel schlimmer, dass ich nicht mehr auf dem Bauch schlafen kann, weil diese schmerzhaften Polster im Weg sind. Und ich weiß einfach nicht, was ich noch anziehen soll. Die Oberweite sprengt alles. Wenn ich es schaffe, mich irgendwo reinzuquetschen, sehe ich sofort wie eine Kellnerin auf dem Oktoberfest aus, die ihr Dirndl zu eng geschnürt hat. Auch meine Freundin Raffaella kriegt es nicht hin, mich nicht anzustarren: »Sorry, Lucie, aber ich kann nicht anders. Die sind so überdimensional riesig, da muss man einfach glotzen.«

Ich trage jetzt oft wallende Tücher, um meine Oberweite zu verdecken. Aber für die Preisverleihung kommt das leider nicht infrage. Ich durchforste noch mal meinen Kleiderschrank und finde ganz hinten in der Ecke ein blaues Hippiekleid. Das Kleid ist ideal, die vielen Stofflagen übereinander, lauter Bänder und lustige Applikationen werden von meiner Oberweite ablenken. Und tatsächlich, wenn ich die Luft anhalte und ganz flach atme, dann geht auch der Reißverschluss zu.

Der Abend plätschert vor sich hin. Auf der Aftershowparty sitze ich mit Marc und Freunden in einer Sitzecke. Ich nippe an meinem Wasser und entdecke auf der anderen Seite des Raums Sascha, einen Moderationskollegen von mir, den ich schon seit zwei Jahren nicht mehr gesehen habe. Er unterhält sich mit einer Bekannten von mir. Unsere Blicke treffen sich, er gibt mir ein Zeichen, dass er gleich mal rüberkommt, und widmet sich wieder seiner Gesprächspartnerin.

Ich merke aber, wie er immer wieder irritiert zu mir herüberschaut. Irgendetwas beschäftigt ihn, er scheint sich kaum noch auf seine Unterhaltung konzentrieren zu können. Dann folgt eine kurze Sequenz, in der die beiden wild gestikulieren und er aufgebracht den Kopf schüttelt. Plötzlich dreht er sich zu mir: »Luuuuciiiie«, brüllt er quer durch den Raum, »du bist schwanger!! Und ich dachte schon, du bist so bescheuert und hast dir die Titten machen lassen!!«

Ja, so kann eine Schwangerschaft auch verkündet werden. Ich wollte es eigentlich so lange wie möglich geheim halten und dann peu à peu verkünden. Jetzt starren mich gefühlte 80 Augenpaare an und lachen sich schlapp. »Schön, dich wiederzusehen«, quetsche ich heraus. Jetzt ist es offiziell. Etwas offizieller, als ich es wollte, aber wem mache ich hier eigentlich etwas vor? Ich habe zwar noch keinen richtigen Bauch, aber ich bin insgesamt einfach wabbeliger und weicher. Das ist eine ziemlich miese Phase, nicht Fisch, nicht Fleisch. Vielleicht sollte ich jetzt einfach anfangen, Sahnetorten, Cheeseburger und Eis zu essen, bis ich einen ordentlichen Bauch habe? Marc würde sich freuen.

»Lass uns einen Döner essen gehen«, sage ich zu ihm.

»Endlich!«, antwortet er erleichtert. »Ich dachte schon, das wird die langweiligste Schwangerschaft des Jahrhunderts.«

5. Oktober,
27. SSW

Kinderzimmerterror

Offiziell bin ich in der 27. Woche, das heißt, ich habe noch locker mindestens elf bis 13 Wochen Zeit bis zur Geburt. Meine Hormone sehen das allerdings anders. Es muss JETZT schon alles für den neuen Bewohner fix und fertig vorbereitet sein. Sams Zimmer ist zurzeit noch eine Mischung aus meinem Ankleidezimmer, Marcs Hobbyraum (bestehend aus einem Ergometer, einem Fernseher und tonnenweise Zeitschriften, »… die ich auf jeden Fall noch lese!«) und gemeinsamer Rumpelkammer (mit Koffern und unnützem Kram, der sonst nirgends hinpasst).

Als wir die Wohnung vor zwei Jahren das erste Mal besichtigten, hatte Marc die Nacht zuvor zum Tag gemacht und war dementsprechend verkatert, übellaunig und wenig begeisterungsfähig. Meine Freundin Hilly und ich hatten die Wohnung aber bereits in Gedanken komplett eingerichtet und auch schon längst für ideal befunden.

Wir machten Marc die Wohnung schmackhaft, indem wir ihm dieses Extrazimmer als SEIN Zimmer verkauften: »Da kannst du dann dein Ergometer reinstellen, Bundesliga schauen und keiner stört dich.« Damit hatten wir ihn überzeugt. Die Handwerker, die vor dem Einzug alles noch auf Vordermann brachten, hatten das Gespräch mit halbem Ohr mitangehört und kurz bevor wir gingen, fragten sie Marc mit einer Mischung aus Neid und Mitleid: »Ziehst du mit BEIDEN hier ein?«

Ich muss wohl nicht erwähnen, dass das Zimmer nur zur Hälfte »seins« wurde. Den meisten Platz bekam mein Kleiderschrank.

Hilly und ich sind in Sachen Deko und Klamotten ein Dreamteam. In beiden Themenbereichen haben wir zwei dieselbe Meise. Wir verabreden uns in regelmäßigen Abständen zum »Wohnungumräumen«. Dann wird die Couch vom Wohnzimmer ins Arbeitszimmer geschoben, das ein oder andere Regal ausgeräumt oder die Wand in der Küche von Violett in Pink umgestrichen, weil »jetzt ja der Frühling kommt«! Wenn Marc in der Nähe ist, dann verlässt er fluchtartig das Haus. Auch beim Thema Kleidung ist Hilly eine große Unterstützung. Wenn ich im Laden stehe und mir nicht sicher bin, ob ich jetzt tatsächlich das Kleid mit den roten Punkten kaufen soll, weil ich ja letzte Woche schon ein Kleid mit grünen Punkten gekauft habe, dann muss ich nur Hilly anrufen. »Das BRAUCHST du, Lucie! Das ist Basic!«, lautet ihre zuverlässige Antwort und ich kann das Kleid ganz beruhigt zur Kasse tragen.

Und jetzt soll »Marcs Zimmer« also Sams Zimmer werden. Nach dem kurzzeitigen Schock, dass Holly ja ein Sam wird, musste ich das Farbkonzept noch einmal ändern. Dank Hillys Unterstützung und der Erfindung von Farbfächern gibt es eine schnelle Lösung: Aus Lindgrün und Lila mit Schattierungen bis Mauve wird Lindgrün und Beige. Die Farbe hätte ich allerdings lieber gestern als heute an den Wänden. Wenn ich der Logik mehr Raum geben würde, dann wüsste ich, dass kein Grund zur Eile besteht. Aber meine Hormone machen mich zu einem Freak. Nur leider nicht Freak genug, dass ich es nicht mehr merke, sondern eben nur so freakig, dass ich wie ferngesteuert bin, mich aber gleichzeitig auch immer noch dabei entschuldigen muss.

»Marc«, kreische ich hysterisch in einer Sekunde, »wir müssen noch mal zu IKEA wegen der einen Matratzenauflage.« Dann zwei Sekunden später etwas sanfter, weinerlich und bettelnd: »Sorry, aber wirklich. Wir müssen das heute noch machen und dann können wir gleich noch wegen der Vorhänge schauen.« Bei Marc setzt der Überlebensinstinkt ein und er entscheidet sich dafür, einfach nur zu nicken. Hilly versteht mich total. Für sie ist meine Hysterie Normalnull.

Mein größtes Problem sind allerdings gar nicht die IKEA-Touren, sondern dass ich das ganze Zimmer natürlich neu streichen will. Und auch das Bettchen, die Wickelkommode und der Stuhl müssen unbedingt noch neu lackiert werden. In unserer Wohnung ist kein Zimmer weiß, jedes Zimmer hat ein anderes Farbkonzept: Die Küche ist im Miami-Beach-Style mit pinken Wänden und türkisen Schränken und das Schlafzimmer ist Salbeigrün mit lila Saris als Vorhänge. Ich streiche immer am liebsten selber, so komme ich in der Wohnung oder eben in einem neuen Lebensabschnitt an. Leider hat der Plan dieses Mal einen Haken: Denn auch wenn ich Bio-Farben und Bio-Lacke verwenden will, gesund ist was anderes. Und während der Schwangerschaft Farbdämpfe einzuatmen ist nicht ratsam.

»Das kann zu ganz schlimmen Allergien beim Kind führen«, sagt mir mein Farbverkäufer ganz besorgt, »wirklich, Frau Marshall, ich rate Ihnen davon ab, selber zu lackieren.«

Aber meine Hormone interessieren sich nicht für Allergien! Ich MUSS doch das Zimmer fertig haben und Marc kann ich da nicht ranlassen. Marc ist ein super Koch, er schmeißt die besten Partys, ich gebe ihm gerne jeden Moderationstext zum Korrekturlesen, aber wenn ich ihm einen Pinsel in die Hand drücke, dann kann ich auch gleich die Scheidung einreichen. Wir kriegen uns schon in die Haare, wenn wir gemeinsam ein Bild aufhängen wollen. Er sagt, es hängt gerade, die Wasserwaage und ich sind da anderer Meinung.

Was mache ich nur? Schutzanzug? Aber gibt es diese Anzüge auch für Schwangere? Mit dem Bauch müsste ich noch in Größe M, na gut, vielleicht L reinpassen. Und dann Sauerstoffmaske mit frischem Sauerstofftank auf dem Rücken? Ich habe einmal versucht zu tauchen und bin schon klaustrophobisch geworden, als ich die Taucherbrille nur gesehen habe. Vielleicht ist ja so eine Taucherglocke besser für mich. Die klebt mir wenigstens nicht auf dem Gesicht, macht keine hässlichen Druckstellen und ich kann den Kopf noch drehen. Oder noch besser so ein Käfig, mit dem man Touristen ins Wasser lässt, die Haifische hautnah erleben wollen, ohne von ihnen gefressen zu werden. Ich muss den nur hermetisch abkleben. Der Sauerstofftank könnte dann auf den Kasten oben drauf. Noch einen Schlitz für den Arm. Der müsste dann aber auch hermetisch verschlossen werden, wie im Film *Outbreak,* wo Killerviren die Bevölkerung ausrotten. Dann fehlen nur noch ein paar Rollen unter meinem Luciemobil und ich bräuchte außerdem eine Fernsteuerung, damit ich mich selber von Wand zu Wand fahren kann. Nur wie komme ich ganz oben an die Wand? Ach ja, klar, ich müsste noch so eine Gabelstaplerkonstruktion unter die Kiste bauen. Hört sich doch nach einem prima Plan an! Einen Moment lang bin ich beruhigt und beseelt von meiner Spitzenidee. Aber dann schlägt die Realität zu: »LUCIIIIEEE! Hallo, jemand zu Hause? Vielleicht solltest du lieber einem anderen den Pinsel überlassen?« Mist, ertappt.

Hilly zeigt mir einen Vogel, als ich sie frage, ob sie Sams Zimmer alleine in Schuss bringen will, während ich wie auf einer Virenstation hinter der Glaswand Anweisungen gebe.

Aber zum Glück habe ich ja meinen handwerklich überaus talentierten Bruder Valentin, den ich dazu nötigen kann. Und es auch tue. »Valentin, du musst streichen … und lackieren …

und könntest du nicht noch das Schuhregal im Flur aufbauen? Hier MUSS Ordnung rein.«

Valentin fügt sich in seine Onkelpflichten, zum Glück ist meine Mutter dieses Wochenende auch da. Hilly assistiert ebenfalls, vor allem mit schlauen Anmerkungen, die meinen Bruder fast in den Wahnsinn treiben. Aber er hat ein geduldiges Gemüt und atmet Hilly und mich einfach weg. Und während meine Mutter Vorhänge für das Babyzimmer näht (»Reicht der Stoff auch noch für den Vorhang vor dem Schuhregal?«), streicht mein Bruder das Zimmer, und ich renne wie ein aufgescheuchtes Huhn durch die Wohnung, halte mir ein Tuch vor den Mund, wenn ich das Zimmer kontrolliere, und versuche ansonsten, meine Hormone in Schach zu halten und nicht total durchzudrehen. Mit dieser Energie könnte ich problemlos das internationale Pfadfindertreffen organisieren und durchführen. Es ist manchmal ganz schön demütigend, schwanger zu sein …

23. Oktober,
30. SSW

DU hattest Sex!

Ich bin auf der Friedrichstraße einkaufen. Eine Klasse mit ordentlich pubertierenden Jugendlichen kommt mir entgegen. Wahrscheinlich sind sie auf Klassenfahrt. Das muss für einen Lehrer doch auch die Höchststrafe bedeuten. Die Mädchen schnattern und sind ganz mit sich und ihren neu gekauften Eyelinern beschäftigt. Die Jungs hingegen feixen, grölen und finden sich unfassbar cool.

Ich bin mittlerweile auch für den letzten Idioten sichtbar schwanger. Ich hatte immer diese – offensichtlich wahnwitzige – Vorstellung, mit Kleidergröße 34 auf High Heels elfengleich in den Kreißsaal zu schweben. Jetzt in der 30. Woche kann auch ich nicht mehr an dieser Illusion festhalten. Ich habe 15 Kilo mehr auf den Rippen, de facto wähle ich morgens zwischen blauen oder schwarzen Turnschuhen. High Heels trage ich nur noch, wenn ich muss. Also bei Moderationen oder wenn ich morgens aufwache und denke: »Fräulein Flodder, du woll-

test doch auch in der Schwangerschaft Stylequeen bleiben.«
Dann ziehe ich die High Heels zum Kaffeekochen an. Zum
Trinken aber wieder aus.

Nachdem ich mich tagelang in meine Jeans reingequetscht
habe, um mir ja nicht eingestehen zu müssen, dass ich zugenom-
men habe, kaufte ich mir widerwillig auch so eine Schwangerschaftshose. Vorher hatte ich sogar den alten Badewannentrick
aus den 90ern versucht: Mit der Levis in die Badewanne, um sie
dann zuzukriegen. Aus Angst vor einer Blasenentzündung zog
ich sie dann aber doch wieder aus und hing sie zum Trocknen
über die Heizung. Erst als ich die Jeans kaum noch über die
Knie bekam und Angst hatte, dass das Baby Quetschungen bekommen oder unter Sauerstoffmangel leiden könnte, habe ich
klein beigegeben. Einmal in der Schwangerschaftshose drin,
wollte ich sie nie wieder ausziehen. Oh Gott, ist die bequem.

Ich schiebe also meine 15 Kilo (vier Kilo Oberweite, elf Kilo
Bauch) vor mir her und an der Schulklasse vorbei. Jetzt legen
die Jungs richtig los. Sie kichern wie Mädchen und zeigen ver-
stohlen auf meinen Bauch. Einer wird sogar rot unter seiner
Pubertätsakne. Ich weiß gar nicht, was los ist. Ich gehe weiter.
Nach 150 Metern höre ich, wie sie immer lauter grölen. Ich
kann sie nicht richtig verstehen, aber ein Wort ist ganz deutlich immer wieder zu hören: »Ficken!!«

Es dauert noch mal 150 Meter, bis ich es endlich kapiere. Natürlich! Nichts zeigt so deutlich wie ein monströser Schwanger-
schaftsbauch, dass man Sex gehabt hat. Also, zumindest einmal.

Und das erfolgreich. Normalerweise ist es ja nicht sichtbar. Also, es gibt natürlich Leute, die plötzlich total entspannt wirken, und man denkt: Yoga oder Sex? Aber ansonsten müsste man schon wie Cameron Diaz in *Verrückt nach Mary* Sperma in den Haaren haben, damit man auf die Idee kommt. Wobei sie ja nur Sperma in den Haaren hatte, aber keinen Sex. Also, von Sperma in den Haaren darf man sich auch nicht täuschen lassen.

Jetzt werde ich rot. Das ist ja total peinlich. Ich hatte bisher diese Perspektive auf schwangere Bäuche total übersehen. Ich schiebe mein Privatleben, meine Intimsphäre vor mir her. Aber was ist die Alternative? Die nächsten zehn Wochen auf der Couch sitzen? Auf eine einsame Insel bis zur Geburt? Bunte Saris in Übergröße tragen? Wie verklemmt bin ich eigentlich? Es ist ja nicht so, dass ich vorher für eine alte Jungfer gehalten wurde. Aber es gab eben keinen sichtbaren Beweis für diese Art der Aktivität. Und wenn dann das Baby erst einmal auf der Welt ist, kann ich ja auch nicht behaupten, das sei eine jungfräuliche Empfängnis gewesen. Das glaubt mir keiner. Damit ist schon Maria vor 2000 Jahren nicht durchgekommen.

Ich watschle ins Café. Neben mir sitzen zwei Mütter mit ihren Kleinkindern – beide Frauen sind erneut schwanger.

»Die hatten auf jeden Fall zusammen viermal Sex«, denke ich. Die gute Nachricht: Anscheinend kann man auch als Mutter noch Sex haben. Also, zumindest das eine Mal. Der Gedanke beruhigt mich irgendwie. Ich werde jetzt einfach eine Weile die Touristenecken mit den großen Schulklassen meiden.

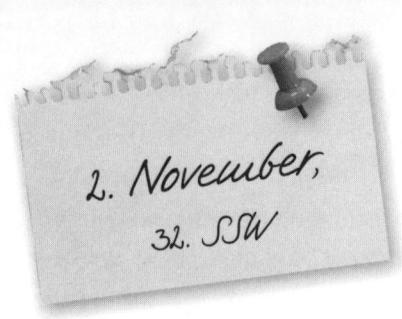

2. November,
32. SSW

Bitte keine Tipps! oder FUCK OFF

Seitdem mein Bauch nicht mehr als Spaghetti-Bauch durchgeht, sondern ein deutlicher Schwangerenbauch ist, gibt es ein Problem: Jeder berührt mich – ungefragt und uneingeladen. Mein Bauch scheint wie ein Magnet auf fremde Hände zu wirken. Leuten, denen man sonst nur auf der Straße begegnet und ihnen normalerweise maximal zuwinkt, haben plötzlich ihre Flossen auf mir. Gibt es eine stillschweigende Vereinbarung, von der ich nichts weiß, dass Schwangere von allen und jedem betatscht werden dürfen? Aber nicht nur das Befingern geht mir auf die Nerven. Jeder auch noch so entfernte Bekannte fühlt sich bemüßigt, mir eine Horror-Schwangerschafts- oder geburtsgeschichte zu erzählen und das Ganze noch mit ein paar Tipps zu garnieren.

Gestern sitze ich bei uns im Café auf der Straße und ein Mann (ein Nachbar von drei Häusern weiter, wie sich später herausstellte, den habe ich noch nie in meinem Leben gesehen) begrüßt mich: »Mensch, du bist schwanger! Herzlichen Glückwunsch!«

Während er meinen Kaffee zur Seite schiebt, damit seine Hände leichter ihren Weg auf meinen Bauch finden, redet er ungefragt weiter: »Wir sind vor drei Monaten Eltern geworden. Ach, das ist so toll.«

Bis hierher (mal abgesehen von den Händen) geht es ja noch. Aber als hätte ich ihm ein unsichtbares Zeichen gegeben, legt er jetzt erst richtig los: »Schwierige Schwangerschaft, meine Frau musste ab dem fünften Monat liegen.« Ich schaffe gerade noch, ein »Oh, das tut mir leid« dazwischenzuschieben, bevor sich ein Wortschwall über mich ergießt: »… gekrümmter Gebärmutterkanal … Verstopfung … Vaginalvarizen … schwere Geburt … 15 Stunden im Kreißsaal … musste eine Röhre einführen, um dem Kind Blut abzunehmen … grünes Fruchtwasser … Herztöne kaum mehr zu hören … Dammriss, ganz schlimm … mussten auch noch richtig schneiden … dann Saugglocke, aber jetzt ist ja alles gut! Nur halt keinen Schlaf! Aber wenn ich dir einen Tipp geben darf: Nimm dir eine Beleghebamme und mach sofort eine PDA. Und unbedingt einen Einlauf vor der Geburt. Sonst kommt da alles raus und das ist auch nicht so wahnsinnig appetitlich. Also, mir macht das ja nichts aus, aber für euch Frauen ist das, glaube ich, nicht so angenehm …« Er lacht, seine Hände ruhen nach wie vor auf meinen Bauch.

Wahnsinn, ich kenne seinen Namen nicht, geschweige denn den Namen seiner Frau, aber ich weiß jetzt, dass sie Vaginalvarizen hatte. Was auch immer das ist, es hört sich nicht gut an. Ich muss das erst mal googeln. Aber wie auch immer: Keine dieser Informationen wollte ich! Aber ich kann festhalten und meine Erfahrungen der letzten Tage belegen es: Er ist kein Einzelfall, das Phänomen teilt er mit der breiten Masse. Das Thema Schwangerschaft/Geburt scheint auch aus den sonst verschwiegensten Wesen richtige Schnattertaschen zu machen. Und dann sind das nie schöne Geschichten, sondern immer nur die totalen Horrorgeschichten, die einem das Blut in den Adern gefrieren lassen.

Würden diese Leute auch bei anderen intimen Themen so auspacken? Ich habe noch nie jemanden gehört, der eine Horror-Sexstory erzählt hat (außer wahrscheinlich in einschlägigen Chatrooms). »Und dann habe ich keinen hochbekommen und ehrlich gesagt, die Tante hat die ganze Zeit Angst gehabt, dass das Bett an die Wand stößt und die Nachbarn was hören. Und dann hat sie noch da unten so nen Krampf gekriegt und meinen Schwanz eingeklemmt. Und wir mussten zusammen zum Telefon robben und den Notarzt rufen.« Solche Geschichten habe ich von Fremden noch nie gehört. Und ich bin mir sicher, davon gibt es mindestens so viele wie von Horrorgeburten. Beim Thema Sex gibt es wenn überhaupt nur Siegergeschichten: »Habe beide Typen abgeschleppt … yippie yeah … der eine war ein Schwarzer und ich kann dir sagen: Es stimmt … Yeah usw.«

Und Sextipps würde doch auch keiner ungefragt an der Bushaltestelle geben: »Das Kondom AB kann ich dir nur wärmstens empfehlen und die Gleitcreme XY ist echt der Renner!«

Ich bin geschockt. Ich weiß nicht, wie ich damit umgehen soll. Marc hat mir gestern ein T-Shirt geschenkt. Auf dem steht in großen Buchstaben: FUCK OFF. »Ich unterschreibe das auch gerne«, grummelt er. Ich bin mir noch nicht ganz sicher, ob ich es tragen werde. Ein bisschen prollig ist es schon, aber wenn gar nichts mehr hilft, dann hole ich es aus dem Schrank.

16. Dezember,
16 Tage alt

Zu Hause

34. Woche – Fruchtblase platzt – Wehen im Zweiminutentakt –
ins Krankenhaus mit Marc – falsches Krankenhaus, weil keine
Frühchenstation – Wehenblocker – mit Blaulicht ins nächste
Krankenhaus – schnell noch eine PDA – Hebammenwechsel –
Wehentropf – vier Stunden alles probiert – Baby steckt fest –
Entzündungswerte steigen – Herztöne nehmen ab – dem Baby
wird Blut abgenommen – »30 Minuten haben Sie noch« – ich
bin in einer Mischung aus Drogenrausch und Wettkampfehr-
geiz – Zeit wird knapp – »Mal sehen, ob wir ihn lebend rausbe-
kommen« – Notkaiserschnitt – Baby schreit nicht – er kommt
auf die Frühchenstation – er lebt – verbringe drei Stunden im
Aufwachraum – Marc rennt zwischen mir und Sam hin und
her – wir müssen im Krankenhaus bleiben – Sam ist voller Blut-
ergüsse – schwere Gelbsucht – braucht Atemhilfe – liegt im
Inkubator – ich fahre mit Rollstuhl so oft ich kann zu ihm –
pumpe Milch ab – er wird über die Sonde gefüttert – Verdacht

auf Hirnquetschungen – Verdacht zerschlägt sich – am Tag drei darf ich ihn endlich auf den Arm nehmen – er schafft es, alleine zu atmen – wir üben das Stillen – wir entlassen uns selber – wir werden vom Krankenhaus unter Druck gesetzt – wir gehen in ein anderes Krankenhaus – wir sind zu Hause.

Er ist das größte Geschenk der Welt.

Teil 2

»Cleaning your house
while your kids are still growing
is like shoveling the sidewalk
before it stops snowing.«

Phyllis Diller

21. Dezember,
21 Tage

Schlafmangel? Nö, wo ist das Problem?

Selten in meinem Leben habe ich so viel gelesen wie gerade jetzt. Ich habe ständig ein Buch vor der Nase. Sam ist drei Wochen alt und natürlich sind die Nächte nicht ungestört, aber das kratzt mich gar nicht. Ganz im Gegenteil. Er wird meistens alle zwei Stunden wach und ich stille ihn dann fast 45 Minuten lang. Schneller geht's noch nicht. Vorher muss ich ihm allerdings die Windel wechseln, damit er einigermaßen wach ist, ansonsten würde er nur zehn Minuten nuckeln und dann gleich weiterpennen.

Ich finde die Nächte großartig. Ich weiß gar nicht, worüber sich alle frischgebackenen Eltern immer so beschweren. Nachts hat man doch am meisten Ruhe. Keine lästigen Anrufe, kein Neugeborenen-Tourismus, keine Arztbesuche. Nur Sam, ich und meine Bücher! Wenn Sam aufwacht, schleiche ich mit ihm in sein Zimmer, mache den Windelkram und dann setzen wir uns ganz bequem in den großen Stillsessel. Ich habe neben dem Sessel ein kleines Tischchen stehen mit einer Leselampe und einem riesigen Stapel Bücher. Der Mond scheint ins Fenster, der Schnee rieselt leise, und während mein Sohn vor sich hinschmatzt, lese ich wie verrückt: Die Biographie von Coco Chanel, *The Queen and I* von Sue Townsend, Tolstois *Anna Karenina*. Alles, was ich schon immer mal lesen oder wieder lesen wollte, liegt auf dem Stapel und ich inhaliere förmlich die dicksten Schinken.

Das letzte Mal habe ich so viel gelesen, als ich mit zwölf Jahren bei meiner Oma die Sommerferien verbracht habe. Wir mussten damals alle drei Tage in die Bücherei, weil ich so im Leserausch war, dass ich die Reihen *Unsere Oma* und *Die drei Fragezeichen* geradezu verschlungen habe. Alle Fotos aus diesem Sommer zeigen mich mit einem Buch in der Hand: beim Frühstück (die Ränder der Salami auf meinem Brot haben sich schon wegen Vernachlässigung aufgerollt), auf der Liege im Garten (Buch auf dem Rasen, Klein-Lucie hängt wie Pipi Langstrumpf mit dem Kopf nach unten, die Füße auf der Liege), im Auto (Ausflüge? Man hätte mit mir auch im Kreis fahren können. Hauptsache, ich durfte lesen).

Warum ist Schlaf denn so ein Riesenthema für Eltern? Die erste Frage ist immer: »Und wie sind die Nächte?« »Super«, lautet meine Antwort, »ich bin fast mit *Anna Karenina* durch!« Sind alle anderen Waschlappen? Habe ich einfach besonders viel Energie? Vielleicht sollte ich einen Ratgeber schreiben:

»Nächte mit Säuglingen leicht gemacht«. Marc ist auch ziemlich gerädert.

»Ich werde ja auch alle zwei Stunden wach«, mault er, »ich brauche mal wieder sechs Stunden Schlaf am Stück!«

Pfff, auch ein Weichei. Für mich könnte das ewig so weitergehen. Bis Sam in die Schule geht, habe ich dann die Berliner Staatsbibliothek durchgearbeitet. Warum bin ich auf den Rhythmus nicht schon viel früher gekommen?

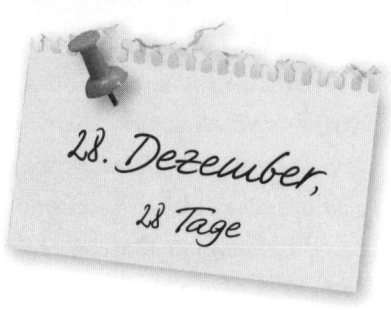

28. Dezember,
28 Tage

Ein Boomerang – especially for Lucie

Seltsamerweise kann ich seit zwei Tagen nicht mehr so richtig sitzen. Mein Rücken zieht wie bei einer alten Oma, mein Unterleib tut weh. Auch meine Nächte im Stillsessel sind irgendwie nicht mehr so komfortabel. Ich finde keine Sitzposition, die angenehm ist. Außerdem hat Sam seinen Rhythmus von zwei Stunden auf eineinhalb Stunden geändert, ohne das vorher mit mir abzusprechen. Bei aller Liebe, aber das finde auch ich ein bisschen zu sportlich. Ich will ja nicht den kompletten Tolstoi nächste Woche durchgelesen haben. Ich bin ganz schön erledigt.

Meine Freundin Raffaella (Mutter von Greta, die ein gutes Jahr älter ist als Sam) stöhnt: »Echt, Lucie, das ist doch nicht dein Ernst! Du bist doch nicht wirklich davon ausgegangen, dass dieser Rhythmus jetzt für immer so bleibt?«

Ehrlich gesagt, irgendwie schon. Obwohl meine Hebamme mir auch etwas anderes prophezeit hat. Aber ich dachte natürlich, bei mir sei das alles anders.

»Und, Lucie, noch was«, schimpft sie mich aus, »du hattest vor vier Wochen einen Notkaiserschnitt und tust gerade so, als ob das nur eine kleine Schramme ist. Ich rate dir, halte deine Kräfte zusammen. Kinder sind ein Marathon, kein Kurzsprint.«

Oh mein Gott, Raffaella hört sich schon an wie meine Mutter. Was haben die bloß alle? Uncool. Was mich tatsächlich nervt, ist, dass ich nicht mehr als 200 Meter laufen kann, ohne dass es mich im Unterleib zwickt. Und zwar so richtig. Ich muss mich sofort auf die nächste Bank legen. Bei minus 15 Grad ist das nur leider suboptimal, wie mein hipper Nachbarssohn sagen würde. Aber Liegen ist die einzige Stellung, in der ich keine Schmerzen habe.

Nach zwei Tagen gelingt es mir nicht mehr, die Schmerzen zu ignorieren. Ich gestehe meiner Hebamme, dass ich es eigentlich nur noch im Liegen aushalten kann. Sie sieht mich entgeistert an: »Hast du ein Rad ab, Lucie? Du gehst jetzt bitte sofort zum Arzt, da ist schon eine dicke Beule an der Kaiserschnittnarbe!«

Marc ist völlig entsetzt (»Wieso sagst du mir denn nix??«), nimmt mir Sam ab und befiehlt: »Lucie! Anziehen, Taxi, Arzt!«

Ich sitze im Wartezimmer, beziehungsweise liege quer auf den Stühlen, und habe ein bisschen Schiss. Was habe ich mir nur dabei gedacht? Ich war derart damit beschäftigt, so zu tun, als sei alles beim Alten und ich würde halt einfach nebenbei *Anna Karenina* lesen, dass ich auf kein einziges Symptom gehört habe. Das erschreckt selbst mich. Das grenzt ja an gespaltene Persönlichkeit.

Meine Ärztin hat für heute schon zu viele Patienten, ich komme zu ihrer Kollegin. Als sie auf die Narbe drückt, klebe ich fast unter der Decke vor Schmerzen. »Da ist ein faustgroßes Hämatom«, sagt sie mitleidig, »das muss ziemlich wehtun.« Ich nicke, beiße die Zähne zusammen und schlucke die Tränen herunter. Was bin ich nur für eine dämliche Kuh?

Lucie, Lucie, Lucie, was ist das für eine Aktion? Welche olympiareife Hybris hat da das Kommando übernommen? Glaubst du tatsächlich, dass bei dir ALLES anders läuft als bei Tausenden von Generationen vor dir?

»Ich muss die Narbe jetzt ein bisschen öffnen, damit die Flüssigkeit abfließen kann. Allerdings kann ich das nicht betäuben, weil eine lokale Betäubung bei einer akuten Infektion nicht wirkt.«

Ich habe mich verhört. Ich MUSS mich verhört haben. Aber leider nicht. Jetzt klebe ich wirklich unter der Decke. Und ich habe die Faxen dicke. Von Ärzten, von Schmerzen, aber vor allem von mir. Meine Frauenärztin kommt doch noch vorbei. Anscheinend hatten die Sprechstundenhilfen ihr von meinem Stunt erzählt.

»Frau Marshall, da haben Sie aber den Vogel abgeschossen. Wie ich Sie kenne, haben Sie aus dem Wochenbett ein Stundenbett gemacht und so getan, als ob gar nichts passiert sei.« Die Frau hat eine solide Menschenkenntnis.

»Ich sage Ihnen das jetzt in aller Deutlichkeit«, fährt sie fort und man merkt, dass sie 20 Jahre lang Oberärztin in einem

Krankenhaus war. »Ins Bett legen, das Kind verkaufen und den Mann alles andere machen lassen. Sie nehmen jetzt dieses Antibiotikum, und kommen Sie mir nicht mit homöopathischen Kügelchen. Das hier ist kein Spaß mehr!«

Ich nicke und schleiche reumütig nach Hause. Mein Sohn ist erst vier Wochen alt und ich habe es schon geschafft, mich einmal voll zu verreiten, meine Intuition abzustellen und mein Ego die Herrschaft übernehmen zu lassen. Um ehrlich zu sein, ich mache mir selber Angst.

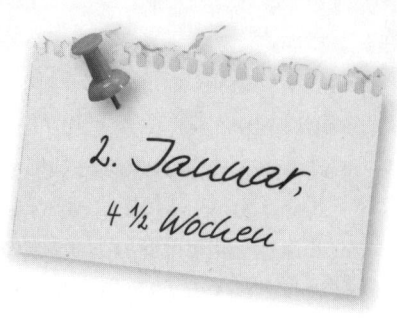

2. Januar,
4 ½ Wochen

Wo ist nur meine Freundin Hilly?

Seit Jahren gibt es kein Weihnachten ohne Hilly. Es gibt überhaupt eigentlich keine Anlässe ohne Hilly. Sie ist wie eine Hauskatze. Sie ist immer da. Und auch Marc ist mit Hilly so eng befreundet wie Hilly mit mir. Wenn ich nicht da bin, dann gehen Marc und Hilly eben zu zweit aus. Wenn wir von Freunden eingeladen werden, dann kommt immer zum Schluss die Frage: »Bringt ihr Hilly auch mit?«, und die Antwortet lautet immer: »Na klar.«

Hilly ist immer und zu jeder Zeit für jeden Blödsinn zu haben und sei er noch so groß.

Vor ein paar Monaten saßen Marc und ich abends mit unserem Freund Ben beim Essen zusammen. Es war bei uns zu Hause und es sollte eigentlich ein kurzer Abend werden. Marc und ich wollten am nächsten Tag für ein verlängertes Wochenende nach Südfrankreich fliegen, um meinen Geburtstag dort zu feiern. Ben kam gerade aus Schottland und wir waren alle total überarbeitet und fertig. Ich erinnere mich noch daran, wie

Ben in seinem weißen Trenchcoat, den er sich in Schottland gekauft hatte, in der Tür stand (er sah darin aus wie ein Zuhälter) und sagte: »Ich hoffe, ihr seid so müde wie ich.«

Aber dann wurden aus einem Glas erst zwei, dann drei, und man soll die Feste ja auch feiern, wie sie fallen. Um 23:10 Uhr hatten wir plötzlich diese Spitzenidee, dass Ben mit nach Südfrankreich fliegen sollte. Um 23:15 Uhr hatte er eine nette Dame vom Flughafen am Telefon, die ihm zu einem Wucherpreis ein Ticket andrehte, und um 23:20 Uhr war Ben auf derselben Maschine gebucht wie wir. Um 00:12 Uhr fiel uns auf, dass drei eine blöde Zahl ist und ja eigentlich auch unsere Hauskatze Hilly fehlte. Die nette Flughafenmitarbeiterin verkaufte uns ein weiteres Wucherticket (von Düsseldorf aus) und um 00:24 Uhr rief Marc Hilly an. Das Gespräch dauerte keine 20 Sekunden und spielte sich wie folgt ab:

Marc: »Hilly, du musst morgen um 05:30 Uhr am Flughafen sein.«

Hilly verschlafen: »Wohin geht's denn?«

Marc: »Nach Marseille.«

Hilly wach: »Dann muss ich jetzt aufstehen und meinen Bikini waschen.«

Dann legte sie auf. Während wir drei am nächsten Morgen total verkatert in Marseille ankamen, hüpfte sie bereits winkend am Gate und kreischte: »Ich durfte im Cockpit mitfliegen!!«

Das ist Hilly. Und jetzt wohnt sie im Ruhrpott und ich habe einen Sohn. In meinem Umfeld hagelte es während der Schwangerschaft Warnungen: »Mit Kindern verändert sich der Freundeskreis total. Es ist so, als ob man in eine andere Stadt zieht. Es sei denn, alle kriegen mehr oder weniger zeitgleich Kinder.«

Zur Geburt hatte Hilly mir nur ein paar SMS geschrieben. Das hatte mich schon irritiert. Wir telefonieren ja normalerweise wegen jedem winzigen Mist. Aber irgendwie war da plötzlich eine Distanz, die nichts mit Ruhrpott und Berlin zu tun hatte. Weihnachten hatten wir dieses Jahr mit meinen Eltern gefeiert. Und normalerweise wäre Hilly da natürlich auch dabei gewesen. Aber sie wollte im Ruhrpott bleiben. Und Silvester war gar nicht erst Thema gewesen. Warum, weiß ich gar nicht. Denn auch Silvester haben wir bisher immer zusammen gefeiert. Und Hilly legte dann immer allen Tarotkarten für das kommende Jahr. Je mehr Champagner im Spiel war, desto rosiger wurden die Aussichten.

Dieses Jahr hatten Marc und ich allein angestoßen (ich brav im Bett liegend) und waren um 00:01 Uhr eingeschlafen.

Am ersten Januar liegen wir morgens mit Sam und Kaffee im Bett.

»Ich vermisse Hilly«, sage ich.

»So geht das auch nicht weiter«, sagt Marc und greift zum Handy, um sie anzurufen. In dem Moment klingelt es an der Tür. Wer könnte das sein? Am ersten Januar um 10 Uhr morgens? Marc geht zur Wohnungstür und kommt mit Hilly im Schlepptau zurück.

»Was machst du denn hier?«, frage ich sie ganz erstaunt.

»Ich habe gestern bei Freunden Silvester gefeiert«, sagt sie.

»Bei was denn für Freunden?«, platzt es aus mir heraus. »Du bist in Berlin und kommst nicht zu uns?«, frage ich wie eine beleidigte Schwiegermutter.

»Mann, Lucie, ihr habt doch jetzt ein Kind und ich weiß auch nicht«, antwortet sie, »ich wollte irgendwie nicht stören und du hast dich nicht gemeldet und …«

Da steht meine Hilly vor mir, jemand, der normalerweise auf alles eine Antwort hat, ein Mensch, den man in jede Gruppe reinsetzen kann und der in null Komma nix die intimsten Details aller Personen kennt und eine Lebensplanung für die komplette Mannschaft macht. Aber jetzt tritt sie von einem Fuß auf den anderen und weiß nicht weiter.

Davor hatten mich so viele gewarnt. Wenn ein Kind kommt, dann arrangiert sich das gesamte Gefüge neu. Die Landkarte wird neu gezeichnet. Hilly hat das Gefühl, dass Marc und ich jetzt in einem Club eingetreten sind, für den sie keine Mitgliedschaft hat. Dabei ist Hilly selber gar nicht so scharf auf Kinder. Wenn ich sie darauf ansprach, dann kam als Antwort meist ein gedehntes: »Janeeeeein, also ich weiß nich, muss man?«

»Hilly«, sage ich, »ich habe ein Kind bekommen und ehrlich gesagt war die Geburt nur halb so lustig, wie ich gedacht habe. Ich glaube, in nächster Zeit wirst du dich eher bei mir melden müssen, weil ich es gerade nicht so auf die Reihe bekomme. Aber dass du in Berlin bist und nicht direkt zu uns kommst, geht gar nicht. Dafür gibt es eine Abmahnung.«

Und während sich meine Worte fast so flapsig wie immer anhören, merke ich, wie sich meine Augen mit Tränen füllen. Und das Wort »Abmahnung« versinkt in Undeutlichkeit.

Ich habe bei der Geburt fast mein Kind verloren. Mein ganzes Leben scheint sich zu verändern, ob zum Guten oder zum Schlechten, weiß ich noch nicht. Auf jeden Fall ist es anders. Und ich habe es nicht mehr unter Kontrolle. Es gibt nur ein paar wenige Konstanten, der Rest scheint eine Gleichung aus unendlich vielen Variablen zu sein. Bei so vielen Variablen wäre selbst Albert Einstein verzweifelt. Aber Hilly darf keine Variable sein. Sie muss meine Konstante bleiben. Sonst verliere ich völlig den Halt. Und wie haltlos ich tatsächlich bin, wird mir erst richtig bewusst, als sie vor mir steht. Sie nickt und setzt sich zu Sam und mir aufs Bett.

»Ich mach uns mal einen Kaffee«, sagt Marc.

»Das ist Sam, und Sam, das ist Hilly«, stelle ich die beiden einander vor und wische mir die Tränen aus den Augen. Wir schauen uns an und meine Konstante ist wieder da.

Kurz darauf sitzen wir alle mit Kaffee bei uns im Bett. Sam liegt zwischen uns und döst.

»Hilly«, frage ich, »wir wollten dich fragen, ob du Patentante werden möchtest?«

»Bin ich ein Notnagel?«, erwidert sie spöttisch.

»Nein, du blöde Kuh«, antworten wir.

»Na gut«, nörgelt sie sehr glücklich im vertrauten Ton, »dann mache ich das eben. Als Erstes muss ich Sam aber die Karten legen.«

Wir sitzen noch eine Stunde so zusammen im Bett und irgendwie haben wir es geschafft, dass es sich anfühlt wie früher.

»Wie lange bleibst du?«, frage ich Hilly.

»Ich muss heute zurück«, grinst sie, »ich habe nämlich ein Date.«

»WIRKLICH??«, kreischen Marc und ich gleichzeitig, »WER??«

Hilly ist, was Männer betrifft, in einer lang anhaltenden Testphase. Seit geraumer Zeit werden viele Kröten geküsst, die sich leider auch bei heftigem Knutschen einfach nicht in einen Prinzen verwandeln wollen, sondern nur noch hässlichere Kröten werden.

»Er heißt Sebastian«, sagt sie, »und wir simsen und mailen seit Wochen hin und her.«

»Wo hast du den denn her?«, fragt Marc, während mich eher interessiert, wie er aussieht.

»Ich habe den auf einer Hochzeit kennengelernt«, antwortet Hilly grinsend, »und er hat graue Haare wie Richard Gere.«

Nachdem Hilly gegangen ist, bin ich wahnsinnig erleichtert. Wir haben sie zurück. Das Date mit Sebastian erleben Marc und ich per SMS-Liveticker mit und wie es aussieht, scheint Hilly diesmal keine Kröte erwischt zu haben. Im Gegenteil, während ich versuche, mich in meiner neuen Rolle als Mama einzufinden, startet Hilly im Ruhrpott in ein neues Leben mit Richard Gere.

18. Januar,
7 Wochen

Impfen - wollen Sie Ihr Kind umbringen?

Kaum eine Diskussion wird so hitzig und emotional geführt wie die um das Wohl und Weh des eigenen Kindes. Außer vielleicht wenn es um Religion geht.

»Ist Impfen für dich ein Thema?«, hauchte mir eine Bekannte während eines Spaziergangs leise zu.

Wir waren zu der Zeit gerade beide schwanger und um ehrlich zu sein, hatte ich bisher keinen Gedanken daran verschwendet.

»Ist Impfen überhaupt ein Thema?«, erwiderte ich mit einer Naivität, die im Nachhinein betrachtet geradezu sträflich war. Sie nickte nur wissend und rückblickend würde ich sogar behaupten, dass sie sich vorsichtig umgesehen hat, ob jemand unseren Wortwechsel belauschte. Das Ganze erschien mir damals wie die umstrittene Mitgliedschaft in einem Geheimbund.

Bei der U3, der dritten Kindervorsorgeuntersuchung, hat Sam Schnupfen und unsere neue Kinderärztin sagt: »Dann können wir ihn ja heute gar nicht impfen.«

Ich entgegne: »Ach wie gut, dass Sie das ansprechen, ich wollte mich sowieso mit Ihnen darüber unterhalten.«

Sie hält inne, ihre Augen verengen sich zu Schlitzen und ihre Stimme wird schneidend wie eine Machete: »Sie sind doch nicht eine dieser Impfgegnerinnen?«

Oha, das Thema scheint ein Pulverfass zu sein.

»Ich bin kein Mitglied in irgendeinem Club, ich bin eine Mutter, die Fragen hat«, lautet meine, wie ich finde, ganz schön coole Antwort.

Sie drückt mir einen Stapel Impfbroschüren in die Hand und geleitet mich aus dem Sprechzimmer: »Lesen Sie sich das in Ruhe durch. Dann wissen Sie Bescheid.«

Die Broschüren wurden alle von Pharmaunternehmen erstellt, die auch Impfstoffe herstellen. Dass die Impfbefürworter sind, versteht sich irgendwie von selbst. Ich gehe ja auch nicht zu Mercedes, wenn ich etwas über die Vorteile eines BMW wissen möchte.

Das ist ja interessant, denke ich, das Thema scheint ja noch viel heißer zu sein, als ich jemals vermutet hätte. Mein Forschergeist und meine Neugierde sind geweckt!

Ich mache Umfragen im Freundes- und Bekanntenkreis und stoße auf ähnliche Reaktionen: Entweder wird mir flüsternd erzählt, dass man nicht impft (»Aber mein Arzt hat mir geraten, darüber mit niemandem zu reden.«), oder es wird mit zitternder

Stimme und unterdrückter Empörung sofort über die Nicht-Impfer geschimpft. Die Diskussion über Israel und Palästina scheint mir dagegen ein diplomatischer Spaziergang.

Der zweite Besuch bei meiner Kinderärztin ist wie ein Tanz auf einem Vulkan. Meine sachlichen Fragen wie »Macht es Sinn, schon jetzt gegen Tetanus zu impfen, obwohl mein Baby noch gar nicht in einen rostigen Nagel krabbeln kann, weil es ja noch gar nicht krabbelt?« werden von ihr nur mit einem Schnauben beantwortet. Nach zehn Minuten kann sie nicht mehr an sich halten und es platzt aus ihr heraus: »Wenn Sie Ihr Baby umbringen wollen, dann impfen Sie es eben nicht!«

Oha. Drohungen bewirken bei mir immer das Gegenteil von Gehorsam. Ich muss den Kinderarzt wechseln. Ich packe Sam zitternd vor Wut in seinen Maxi Cosi. Ich fühle mich wie beim Militär: Fragen unerwünscht, zur Strafe fünfzehn Liegestützen.

Auf dem Weg nach draußen flüstert mir die Sprechstundenhilfe zu: »Vernünftig, dass Sie Ihr Kind nicht sofort impfen lassen. Das ist der totale Wahnsinn hier.«

Ist sie auch Mitglied in diesem Geheimbund? Gibt es ein Erkennungsmerkmal? Ein eingesticktes IG (Impf-Gegner) an der Innenseite der Jacke?

Ich habe noch einen Termin bei einem Homöopathen, der bekanntermaßen dem Impfen kritisch gegenübersteht. Mal sehen, was er dazu sagt. Als er hört, dass ich mich einfach mal informieren möchte, fängt auch er an zu schnauben und wie die Kinderärztin zuvor verliert auch er nach etwa zehn Minuten die Geduld mit mir und schnauzt mich an: »Wenn Sie Ihr Kind umbringen wollen, dann impfen Sie es eben!«

Warte mal, warte mal, warte mal, den Spruch habe ich doch schon mal gehört. Nur andersherum …

Interessant. Wenn ich mir Schuhe kaufe, dann ist es völlig normal, dass ich nachfrage, wie ich sie pflegen kann, oder ob ich extra Einlegesohlen brauche. Ich laufe mit den Schuhen auf und ab, frage mich, ob ich sie jetzt wirklich unbedingt brauche, schlafe vielleicht noch mal drüber, wäge dann das Für und Wider ab und habe dabei meistens das volle und uneingeschränkte Verständnis der Schuhverkäuferin. Und jetzt geht es um mein KIND und ein Thema, von dem ich keinen blassen Schimmer habe. Ich möchte mich gerne beraten lassen, um es wenigstens im Ansatz nachvollziehen zu können.

»Och«, sagt meine Freundin Esther gelassen, als ich ihr die Geschichten erzähle. Sie hat vier Kinder und hat schon so ziemlich alles erlebt. »Das ist normal. Stillen und Impfen sind DIE Hysteriethemen. Aber das ist erst der Anfang. Ich sage dir, richtig lustig und hysterisch wird es erst, wenn es um das Thema Schule geht. Da kannst du dich warm anziehen. Genieß die Zeit, solange Sam noch so klein ist.«

Ich fühle mich ehrlich gesagt ziemlich im Regen stehengelassen. Alles ist neu und ich habe diese unglaubliche Verantwortung für diesen kleinen Menschen, der mir völlig ausgeliefert ist und mir gleichzeitig blind vertraut – vertrauen muss. Und alles, was ich versuche, ist, dieser Verantwortung gerecht zu werden. Aber ich werde abgefertigt, als ob ich zu dämlich wäre und ebendiese Verantwortung eigentlich gar nicht tragen kann. Oder nur dann, wenn es halt passt. Puh, was für eine Herausforderung.

Ich gebe trotzdem nicht auf. Ich brauche ja auch wieder einen neuen Kinderarzt. Bei einem Spaziergang entdecke ich das Praxisschild einer Kinderärztin, gleich bei uns um die Ecke, und versuche mein Glück. Zum dritten Mal. Vorsorglich ziehe ich mir aber gedanklich eine Ritterrüstung an und wappne mich gegen alles.

Die Ärztin macht einen sehr netten Eindruck. Sie ist Mitte vierzig, hübsch und wirkt sehr entspannt. Sie schäkert gleich mit Sam und blättert dabei sein kleines gelbes Untersuchungsheft durch.

»Geimpft ist er noch nicht?«, fragt sie wie nebenbei, »wollen Sie nicht?«

Ich hatte mich richtig warm angezogen, um alle möglichen Angriffe aus jeder erdenklichen Richtung abwehren zu können. Aber auf eine so lockere, entspannte Haltung bin ich nicht vorbereitet.

Völlig perplex stottere ich: »Äh, nee, also, ich wollte nur so gerne mal richtig beraten werden und ich werde irgendwie immer nur abgekanzelt und angegriffen.«

Sie lacht. »Ja, ein schwieriges Thema. Ich habe früher im Krankenhaus gearbeitet, da wurde jede Mutter, die es auch nur wagte nachzufragen, sofort niedergebrüllt.«

Sie schäkert weiter mit Sam. Und ich fange an, mich zu entspannen und meine Ritterrüstung abzulegen.

»Ich habe das Gefühl, es gibt nur Schwarz oder Weiß. Als gäbe es gar keinen goldenen Mittelweg. Aber das kann ich mir nicht vorstellen. Ich will einfach Antworten auf meine Fragen.«

Sie nickt. »Ja, das kann ich gut verstehen. Ist ja auch Ihr Kind.« Und dann setzen wir uns hin und während Sam den Stofftierfuchs auslutscht, erklärt sie mir eine geschlagene Stunde lang, wie das alles zusammenhängt. Sie ist fürs Impfen, aber sie findet den Zeitpunkt entscheidend. Nach einer Stunde glüht mir der Kopf, aber ich fühle mich richtig gut beraten. Und so entscheide ich mich für den Mittelweg, mit dem ich mir, meinem Kind und meinem Umfeld gerecht werde.

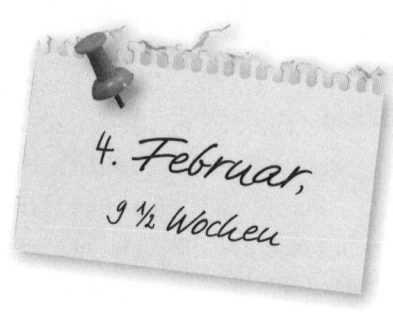

Stillhütchen unter Männersohlen

So easy das Stillen am Anfang war, von einem Tag auf den anderen ist der Wurm drin. Zurzeit läuft es so: Kaum habe ich ihn angelegt, fängt Sam zu nörgeln an. Er nimmt zwei Züge, findet dann aber irgendwie nicht den richtigen Winkel. Danach folgen 20 Minuten Geschrei, es wird in meine Brustwarze gebissen, dann genuckelt und wieder gebrüllt, während ich ihm alle möglichen Positionen (sitzen, liegen, mit Stillrolle, ohne Stillrolle) anbiete und fast wahnsinnig werde. Mein Busen steht kurz vor der Explosion, meine Brustwarzen sind feuerrot und schmerzen von dieser schlechten Behandlung.

»Was soll ich nur tun?«, brülle ich ihn an. »Sag's mir doch! Ich mach ja alles«, flehe ich mein neun Wochen altes Baby an. Als Antwort erhalte ich nur Gebrüll. Es ist zum Verzweifeln.

Meine Hebamme Corinna ist zum Glück mein Fels in der Brandung: »Das kann passieren. Probier es mal mit Stillhütchen. Vielleicht hilft das jetzt für den Moment. In ein paar Tagen kannst du es ja erneut ohne probieren. Dann habt ihr euch beide wieder ein bisschen beruhigt.«

Plastik auf meiner Haut? Ich wollte doch alles so ganz natürlich und ursprünglich – was ja schon bei der Geburt voll nach hinten losgegangen ist. Und jetzt Stillhütchen?

»Mein Gott, Lucie«, stöhnt Corinna, »mach doch bitte nicht so ein Drama. Dett machste jetzt mal ein paar Tage, dann kannste es ja wieder ohne probieren. Mein Gott, soweit ick det beurteilen kann, hat noch keen Kind von Stillhütchen bleibende Schäden bekommen.«

Ich bin wirklich froh, dass meine Hebamme so eine Berliner Schnauze hat. Gut, also Stillhütchen. Ich recherchiere im Netz. Ich versuche, alle Beiträge zu ignorieren, die gegen Stillhütchen mobilmachen. Nach zwei Stunden klappe ich den Laptop zu. Ich bin völlig verwirrt und keinen Schritt weiter. Das sind einfach zu viele Informationen. Ich wollte doch keine Doktorarbeit über Stillhütchen schreiben, ich wollte nur wissen, welche Marke empfohlen wird. Ich gehe zu unserer Apotheke an der Ecke und lasse mir dort eine empfehlen.

Jetzt bin ich also eine Stillhütchen-Stillerin. Ich kann nicht umhin: Ich fühle mich ein bisschen wie mit 13, als alle Mädchen in meiner Klasse diese tollen Hotpants trugen und ich hatte nur abgeschnittene Jeans. »Du bist aber keine 13 mehr, Lucie, und das hier ist kein Wettbewerb!«, murmle ich mir zu, während ich die Packung mit den Stillhütchen öffne. Zu Hause damit zu stillen macht mir nicht so viel aus. Es ist zwar eine ewige Hampelei, bis das Stillhütchen richtig sitzt und Sam endlich weiß, wie er es anstellen soll. Aber dann läuft es ganz gut. Ich schaue trotzdem mit Unmut auf dieses durchsichtige Plastikding auf meinem Busen. Sexy ist das nicht. Und irgendwie stille ich in der Öffentlichkeit jetzt noch gehemmter als vorher und verlasse das Haus entweder nur noch in den Stillpausen oder lade meine Verabredungen zu mir ein.

Ich bin einfach keine Heldin, wenn es ums Stillen in der Öffentlichkeit geht. Ich bewundere es, wie manche Mütter mit drei unglaublich professionell aussehenden Handgriffen ein Tuch über die Schulter werfen, das Kind darunter legen und in aller Seelenruhe stillen, ohne dass man auch nur ein Fitzelchen von ihrem Busen sieht. Bei mir sieht das immer aus wie bei Dick und Doof: Das Tuch verheddert sich im Zuckerstreuer auf dem Nachbartisch, Sam brüllt, weil er nicht vom Tuch bedeckt sein will und wedelt wild mit den Armen, ich versuche, die Kaffeetasse festzuhalten, und es endet immer so, dass ich mit entblößter Riesentitte und nuckelndem Kind ohne Tuch dasitze und von allen begafft werde. Mit Stillhütchen will ich mir das Drama erst gar nicht vorstellen.

»Lass uns doch in diesem Café in der Friedrichstraße treffen«, schlägt Raffaella vor. »Wir essen lecker Mittagstisch und die Kinder können im Kinderwagen schlafen.«

Ich überprüfe meinen Stillplan. Das könnte knapp werden. Ich will mich nicht mit dem Stillhütchen herumärgern, während die anderen alle ihren Businesslunch essen. Ich druckse rum: »Ach, komm doch zu mir …«

Raffaella lässt mich nicht aussprechen: »Wo ist das Problem?«

Ich druckse herum. Ich weiß genau, dass mir Raffaella das Stillhütchen-Argument um die Ohren hauen würde.

»Wir treffen uns da, basta!«, entscheidet sie einfach. »Mann, bist du spießig geworden.«

Das sitzt, quasi *death sentence*. Es braucht nicht viel, um meinen Ehrgeiz zu wecken. Zu meiner Ehrenrettung willige ich ein. Der werd ich's zeigen! Sam stille ich extra etwas früher. Vielleicht komme ich so um die öffentliche Stillaktion herum. Ein Stillhütchen packe ich aber sicherheitshalber ein.

Um 13 Uhr sitzen Raffaella und ich im Café. Um 13:10 Uhr, bevor wir die Speisekarte überhaupt aufgeschlagen haben, brüllt Sam, als hätte er in seinem ganzen Leben noch nie etwas zu essen bekommen. Das ergibt laut Stillplan überhaupt keinen Sinn. Raffaellas Tochter Greta schläft natürlich vorbildlich und allerliebst im Kinderwagen.

»Leg ihn doch einfach an«, schlägt Raffaella vor, »ich glaube, der hat Hunger.«

Was soll's, bevor Sam die ganze Bude zusammenschreit, nur weil seine Mutter eine akute Stillhütchenphobie entwickelt hat, gebe ich lieber klein bei.

»Dann hilf mir mal bitte«, sage ich zu Raffaella, »die Stillhütchen müssen da unten im Kinderwagen in der großen Tasche sein.«

Raffaella greift nach der Tasche und beginnt sofort fieberhaft mit der Suche. Sam brüllt. Ich schlüpfe in die wohlbekannte Rolle aus Dick und Doof, versuche das Tuch über meine Schulter zu legen, das leider in der Pasta meines Nachbarn landet.

»Bitte!«, flehe ich Sam in Gedanken an, »bitte, mach dieses eine Mal mit!«

Ich öffne so unauffällig wie möglich den Still-BH (unter dem Tuch) und Sam will sofort ran. Natürlich brüllt er noch lauter, als ich ihn nicht lasse. Es fehlt ja noch die Stillhütchenapplikation.

»Beeil dich mal«, raunze ich Raffaella an.

Mir läuft der Schweiß den Rücken runter, alle Blicke sind auf uns gerichtet. Auch Sam ist rollentreu und reißt an dem Tuch. Ich versuche, ihn und das Tuch gleichzeitig festzuhalten, was mir nicht so richtig gelingt. Der Kontrast könnte nicht größer sein: 20 total hip gekleidete, erfolgreiche Männer und Frauen sitzen über ihrem Businesslunch und eine wild gewordene Mutter kämpft mit ihrem Kind, während die andere Mutter hektisch den Inhalt einer riesigen Tasche auf dem Tisch verteilt. Vor uns türmen sich Windeln, Schnuller, Babypuder und Wickelunterlage.

»Ich finde es nicht. Geht es nicht auch ohne?«, fragt Raffaella. Sie hat sich von meiner Hektik anstecken lassen.

»Nein«, fauche ich sie an und versuche, gegen das Gebrüll meines Sohnes anzukommen. Sie sucht weiter. Plötzlich ist es leise, fast unheimlich leise, so als ob jemand den Ton abgestellt hätte. Sam hat sich angedockt. Auch ohne Stillhütchen. Zufrieden nuckelt er (unter dem Tuch), während Raffaella und ich so aussehen, als seien wir eben gerade noch so einem gefährlichen Handgemenge entkommen. Wir sind beide vollkommen erledigt. Ich versuche, meinen Atem zu beruhigen und mir mit einer Hand die verklebten Haarsträhnen aus dem Gesicht zu streichen.

Einer der Businesslunchgäste läuft auf dem Weg zu den Toiletten an uns vorbei. Man hat ihn schon von Weitem kommen gehört. Seine Schuhe quietschen. Neben unserem Tisch bleibt er stehen und hält sich mit einer Hand am freien Nachbartisch fest, während er seine rechte Schuhsohle inspiziert.

»Was ist denn das?«, fragt er völlig entgeistert. Er zieht ein durchsichtiges, verdrecktes Plastikteil von seiner Sohle und hält es wie eine Trophäe hoch: Mein Stillhütchen. Es muss mir am Eingang aus der Tasche gefallen sein, als ich den Kinderwagen fast auf 90 Grad kippen musste, um ihn über die Türschwelle zu wuchten.

Raffaella und ich drehen uns gleichzeitig ruckartig mit dem Rücken zu ihm und tun so, als müssten wir die Intarsienarbeit an der Tischplatte inspizieren. Normalerweise wäre das jetzt der richtige Moment, um einen tierischen Lachflash zu bekommen. Raffaella gluckst auch kurz auf, aber ich schnauze sie an: »Nicht lustig!«

Ich leide. Ich schwitze. Ich will nur noch nach Hause. Dann muss ich aber auch lachen. Was für eine Groteske, was für eine Schmach. Und schuld daran ist meine Freundin Raffaella, die

unbedingt mit mir ins Café gehen wollte und mich mit »spießig« herausgefordert hat. Wir lachen jetzt beide wie Sechs-
jährige, die dem Lehrer ein Pupskissen auf seinen Stuhl im
Klassenzimmer gelegt haben. Oh, Raffaella, das zahle ich dir
irgendwann heim. Ich weiß noch nicht wie, aber mir wird schon
noch was einfallen.

15. Februar,
11 Wochen

Liebeskummer

Zum ersten Mal seit Sams Geburt fliege ich alleine für einen Tag nach Köln. Mein Agent hat mich in ein Casting reingeschleust: Es wird eine Moderatorin für eine neue Sendung zum Thema Mode gesucht. Mehr Infos gibt es nicht. »Die machen ein WAHNSINNIGES Geheimnis daraus, die rücken noch nicht mal damit raus, für welchen Sender das ist.«

Egal, ich freue mich total. Die Geburt ist elf Wochen her und ich bin noch ein bisschen schwabbelig, oder sagen wir es netter, weich. Trotzdem quetsche ich mich fast übermütig in meine Jeans und danke dem Mode-Gott dafür, dass die Tunika noch in ist. Mit Milchpumpe im Gepäck sitze ich im Taxi zum Flughafen. Es fühlt sich saugut an. Ich bin Mutter, ich fliege nach Köln, mein Mann passt auf unseren Sohn auf. So habe ich mir das Leben als berufstätige Mutter vorgestellt.

Am Flughafen renne ich schnell noch auf die Toilette, um abzupumpen. Ich habe keine Lust, mich auf die Flugzeugtoilette zu quetschen. Ich packe die Pumpe aus und stelle entsetzt fest: Ich habe das wesentliche Bauteil vergessen. Ach du Scheiße!

Es ist so eine Handpumpe, an die man unten den Becher dranschraubt, der die Milch auffängt. Und genau dieser Becher fehlt. Ich hätte die Milch zwar sowieso weggeschüttet, aber ohne den Becher entsteht kein Vakuum und dann funktioniert die ganze Pumpe nicht. Ich werde nervös, mein Busen explodiert gleich. Schnell ziehe ich die Tunika aus, nur keine Milchflecken! Mit nacktem Busen hänge ich schließlich über der Kloschüssel und streiche die Milch aus. Und das soll der Beginn meines ersten glamourösen Businessausflugs als Mutter sein? Na, super. Ich hoffe, die haben hier keine Kameras installiert.

Ich schaffe es ohne weitere Katastrophen in den Flieger.

Egal, jetzt wird alles glattlaufen. Wie in alten Zeiten sitze ich mit meiner SZ am Fensterplatz. *Lucie is back!* Wie lange habe ich nicht mehr alleine in Ruhe Zeitung gelesen. Wir heben ab und ich werfe einen verträumten Blick auf die Wolkenformationen, die wir durchbrechen. Dann blättere ich fröhlich weiter und lande schließlich bei einem Artikel über Frühchen und neueste wissenschaftliche Erkenntnisse: Was für Komplikationen es geben kann, wenn Neugeborene länger im Brutkasten liegen müssen, welche Herausforderungen auf die meisten später mal zukommen, an welchen Spätfolgen viele leiden usw.

Ich will das gar nicht lesen, aber meine Augen können sich nicht von den Zeilen lösen und meine Hände scheinen an den Seiten zu kleben. Ich merke, wie mir die Tränen über die Wangen laufen. Die Worte verschwimmen, ich kann den Artikel nicht weiterlesen, aber die Bilder von Sam im Inkubator tauchen vor meinem inneren Auge auf:

Wie ich nach drei Stunden im Aufwachraum, noch mit Resten des Narkosemittels und der Wehenhemmer im Blut, endlich im Bett zu ihm geschoben werde und zum ersten Mal meinen Sohn sehen kann. Dort liegt der kleine Mann, nur 2300 Gramm leicht, übersät mit blauen Flecken und einem gequetschten Arm, der dunkellila leuchtet. Mit einer Sonde in der Nase und voller Kabel. Neben ihm piepsen die Monitore in der Winternacht. Ich darf ihn nur durch die Luken berühren. Ich spüre seine butterweiche Haut unter meinen Fingern und bin überwältigt von dem Glück, dass dieses Kind lebt.

Meine Tränen versiegen nicht. Ich halte mich an der Zeitung fest und versuche, mein Gesicht dahinter zu verstecken. Aber ich kann nicht aufhören zu weinen und schaffe es nicht, das Schluchzen zu unterdrücken.

Immer mehr Bilder schießen mir durch den Kopf: Wie die Ärztin mit einem Ultraschall über seinen Kopf streicht, um zu überprüfen, ob er Hirnquetschungen erlitten hat. Wie ich die Luft anhalte, das Gefühl habe, ohnmächtig zu werden und gleichzeitig kotzen zu müssen, und in diesen Sekunden um Jahre altere. Wie die Entwarnung kommt und ich Sam endlich auf dem Arm halte – nach drei unendlich langen Tagen. Wie er das erste Mal nach meiner Brust schnappt, als ob er vorher noch nie etwas anderes gemacht hätte. Wie ich von Dankbarkeit und Demut überflutet werde.

Immer schneller schießen die Bilder durch meinen Kopf. Immer lauter muss ich schluchzen. Na super, Lucie, da hast du dir ja den idealen Ort zur Verarbeitung deines Geburtstraumas ausgesucht: Im voll besetzten Flieger von Berlin nach Köln/Bonn. Ich stehe auf und stürze auf die Bordtoilette. Eine Stewardess ruft mir hinterher, ob alles in Ordnung sei. Ich winke und versuche, ein halbwegs verständliches Ja hervorzupressen.

Den Rest des Fluges sitze ich auf dem Klodeckel, heule Rotz und Wasser und schreie in mein Tuch. Ich weine die Angst, den Schock, die Sorge und das Glück heraus. Jetzt, da ich zum ersten Mal von Sam getrennt bin, holt es mich mit voller Wucht ein. Kurz vor der Landung schaffe ich es, mich langsam zu beruhigen. Ich sehe in den Spiegel und muss lachen: Mich starrt ein verheultes, verquollenes, mit Mascara verschmiertes Gesicht an. Das wird ja ein tolles Casting.

In Köln gelandet, gehe ich als Erstes auf die Damentoilette und wasche mir das Gesicht mit kaltem Wasser. Ich habe zum Glück noch zwei Stunden Zeit und wollte sowieso noch in mein Lieblingscafé gehen. Ich steige ins erstbeste Taxi: »In die Stadt bitte.« Und schon laufen die Tränen wieder.

»Oh, Schätzeken«, sagt der alte Kölner Taxifahrer, »weinste wejen nem Kerl?«

Ich muss unter Tränen lachen: »Ja, genau. Wegen einem Kerl.«

»Wenna jejangen is, dann isser nen Idiot«, versucht er mich zu trösten.«

Ich muss lachen. »Der ist nicht gegangen«, sage ich, »der ist geblieben. Und ich hoffe, für immer.«

22. Februar,
2 ½ Monate

Pekipgruppen

Die Zeit vergeht sehr, sehr langsam im Mama-Universum. Der Ausflug nach Köln war ein Highlight, das leider viel zu schnell vorbei war. Ansonsten ziehen sich die Tage ein bisschen wie Kaugummi hin. Eigentlich hatte ich mir geschworen: Ich werde NIE in eine Pekipgruppe gehen! Gruppen jeglicher Art sind irgendwie nicht so mein Ding. Mir waren auch Sportvereine immer suspekt, in denen das einzige verbindende Element ein Tennisschläger ist. Das ist mit mir nie gut gegangen. Darum lautete mein Vorsatz bisher: keine Pekipgruppe! Gestern habe ich mich bei einer angemeldet.

Ich wollte doch so unbedingt eine ganz hippe Mama sein und nix mit diesem Mütterkram zu tun haben. Nur, was tun den ganzen Tag mit Kind? Ich lechze nach Austausch und bin sogar bereit, über Windeln und Fläschchen zu reden, wenn die Antwort nicht wie diese klingt: »Dada.«

Raffaella wollte so was auch nie machen, hatte sich dann aber nach ein paar Wochen in der intellektuellen Ödnis von einer Nachbarin dazu breitschlagen lassen. Ich hatte mich damals (noch nicht Mutter, noch nicht mal schwanger) schlapp gelacht und keine Möglichkeit ausgelassen, um sie damit aufzuziehen.

»Lach du nur, Lucie. Warte mal ab. Du glaubst gar nicht, wie gut es tut, wenn alle Mütter danach noch einen Kaffee trinken gehen. Da kommt man wenigstens mal vor die Tür«, erzählt sie.

Vor gut einem Jahr habe ich noch mit den Augen gerollt. Heute hört sich das sensationell an. Dummerweise liegen alle Kurstermine in Sams Schlafphasen. Egal. Ich muss dringend vor die Tür. Draußen herrschen immer noch Temperaturen von minus zehn Grad. Das heißt, ich muss Sam und mich für 800 Meter Spaziergang zum Kurs so dick einpacken, als ob wir auf eine Antarktis-Expedition gehen würden. Ich ziehe mich zuerst an, dann ihn. In meinen Fellwintermantel passe ich wieder rein, obwohl der oberste Knopf wegen der riesigen Oberweite fast abspringt. Kaum habe ich Sam in seinen Schneeanzug und in die Tragetasche gesteckt, fängt er an zu brüllen. Hunger? Volle Windel? Zu heiß? Keinen Bock? Was weiß ich.

Aber wenn er brüllt, dann schießt bei mir sofort die Milch ein. Da stehe ich nun in meinem Lammfellmantel und spüre, wie die Stilleinlagen den Milchstrom nicht halten können, der kalte Schweiß mir den Rücken herunterläuft und mir das Fell am Nacken juckt. Es ist zum Heulen. Aber ich will vor die Tür, und so stolpere ich verschwitzt und keuchend mit brüllendem Kind die vier Stockwerke runter. An der frischen Luft angekommen, hört Sam wenigstens auf zu brüllen. Anscheinend war ihm tatsächlich zu heiß. Mir klebt mein Hemd am Körper, vorne klebt die Milch und hinten der Schweiß. Aber wir haben es vors Haus geschafft. Der Spaziergang wird das Schönste am ganzen Ausflug sein!

Das Pekip findet in meinem ehemaligen Yogastudio statt. Die Kinderwagen müssen im Keller abgestellt werden. Das heißt, ich fahre mit dem Fahrstuhl in den Keller, hebe die Tragetasche heraus, fummle am Fahrradschloss herum und versuche, meinen Kinderwagen zwischen den unzähligen, ineinander verkeilten Karossen anzuschließen. Sam brüllt wieder (jetzt wahrscheinlich vor Hunger), bei mir schießt wieder die Milch ein, die Stilleinlagen haben längst aufgegeben und ich atme schwer, während ich versuche, schnellstmöglich mit dem Kind aus dem Keller in den dritten Stock zu kommen, wo der Kurs stattfindet.

Oben angekommen, reiße ich mir den Fellmantel vom Leib, versuche Sam aus seinem Schneeanzug zu schälen und möglichst schnell an die Brust zu legen. Meine anfängliche »Ich-stille-nicht-so-gerne-in-der-Öffentlichkeit-Haltung« habe ich zwangsweise längst über Bord geworfen. Ich bin jetzt etwas geschickter geworden mit dem Tuch, allerdings leider noch immer kein Profi. Und in solchen Situationen wie diesen probiere ich es erst gar nicht.

Meine Titten stehen kurz vor einer Explosion und mein Kind brüllt so infernalisch, dass ich kurz vor einem Hörsturz stehe – wahrscheinlich nicht nur ich. Sam dockt an und ist augenblicklich ruhig, während mir der Schweiß von der Stirn tropft. Meine Freundin Hilly hat mich mal gefragt, warum alle Frauen ihre Haare zu Pferdeschwänzen binden, sobald sie Mütter werden. Ganz einfach: In solchen Situationen will man keine verklebten Haare im Gesicht haben, denn es fehlt einem die dritte Reservehand.

Nach dem Stillen schläft Sam sofort tief und fest ein. Mit meinem schlafenden Kind im Arm sitze ich in meinem geliebten Yogastudio. Hier ging ich früher zweimal die Woche hin. Ich war schlank, durchtrainiert und saß nicht wie ein erschöpfter Wabbelkloß verschwitzt in der Ecke. Die Stunde beginnt mit einer Vorstellungsrunde. Jeder soll kurz von sich und der Geburt erzählen. Die meisten Frauen sind in meinem Alter und haben zu 70 Prozent Horrorgeburten hinter sich. Ich war fest davon überzeugt, dass ich die traurige Ausnahme darstelle und dass sich in unserer Müttergeneration grundsätzlich so einiges geändert habe. Anscheinend stimmt das aber gar nicht. Außer der Tatsache, dass wir jetzt beim Pekip die Möglichkeit haben, darüber zu reden.

Während ich mit Sam im Arm an der Wand lehne, rollen die anderen Mütter unter Anleitung der Gruppenleiterin irgendwelche Bälle über ihre Babys und massieren ihnen die Füße. Jede versucht, ihr Bestes zu geben. Nur das Beste für das Kind. Und verflucht, ich will das ja auch. Natürlich. Aber was ist das? Früher saßen Mütter beim Strümpfestopfen und Marmeladekochen zusammen und tauschten sich über rote Windelhintern,

Kinderkrankheiten und Stillprobleme aus. Heute sitzen wir im Pekip und lassen uns erzählen, wie wir am besten mit unseren Kindern umgehen. Irgendwie ist das doch seltsam.

Wo ist denn das Vertrauen in unsere Instinkte geblieben? Ich merke auch jetzt bei Sam, wie schwer es mir fällt, auf mein Bauchgefühl zu hören. Mir wurde ja quasi schon im Krankenhaus vermittelt, dass ich eigentlich keine Ahnung von diesem Wesen habe, das ich monatelang im Bauch getragen habe. Und dass Ärzte und alle, die Kind studiert haben, es ohnehin immer besser wissen. Das ist leider überhaupt nicht hilfreich.

Man sagt doch auch nicht zu einem Hochleistungssportler, der bei den Olympischen Spielen antreten möchte, dass er diese Höhe oder Weite niemals schaffen kann. Warum wird also für Mütter nicht so was angeboten wie zum Beispiel der Kurs »Du weißt schon alles, höre auf deine innere Stimme – hier wird nur Kaffee getrunken und gequatscht!«?

»Zum Abschluss der Stunde würde ich gerne noch ein paar Worte zu einem Thema sagen, das euch bestimmt alle sehr interessiert: das Schlafen.«

Alle spitzen die Ohren.

»Man kann da etwas machen«, fährt sie fort.

Ach wirklich? Es gibt eine Formel? Ein Rezept? Es ist so leise, dass man eine Stecknadel fallen hören könnte. Sogar die Kinder scheinen den Atem anzuhalten.

»In diesem Alter wird ein Kind im Rhythmus von anderthalb Stunden müde und sollte dann hingelegt werden. Wenn

Kinder tagsüber einen klaren Rhythmus haben, dann schlafen sie nachts auch relativ schnell durch.«

Tatsächlich? Das ist der Trick? Das wäre ja großartig. Der Kurs hat sich jetzt schon gelohnt. Aber seit wann haben denn alle Kinder denselben Rhythmus?

Die meisten nicken glücklich. Ich auch. Das muss ich sofort probieren. Vielleicht ist das ja die Lösung?

Niemand will danach noch einen Kaffee trinken gehen. Wahrscheinlich wollen alle den magischen Trick ausprobieren. Ich will auch nirgendwohin. Ich will nur nach Hause, mein Hemd wechseln und alleine einen Kaffee trinken. Noch anderthalb Stunden, dann lege ich Sam ins Bett. Mal sehen, ob das klappt.

PS

Sam hat in dem Kurs anscheinend nicht aufmerksam genug zugehört. Er schläft nach wie vor unkalkulierbar. Und wacht auf, wie und wann er will. Mal jede halbe Stunde. Mal alle drei Stunden. Und mir hat der erste Ausflug gereicht. Ich verabrede mich lieber direkt zum Kaffeetrinken. Ohne Kurs.

25. Februar,
3 Monate

Das erste Mal

Sex in der Schwangerschaft oder als frischgebackene Mutter ist ein heikles Thema. Ich habe das Gefühl, man bekommt mit dem wachsenden Bauch auch gleich einen Heiligenschein mitgeliefert. Und irgendwie scheint man nur hinter vorgehaltener Hand darüber zu reden. Gestern Abend wurde ich allerdings eines Besseren belehrt.

Raffaella hatte mich zu einem Mädelsabend genötigt. »Komm schon, Lucie! Marc ist doch da, der kann Sam die abgepumpte Milch geben, und du kommst mal ein Stündchen vor die Tür. Wir können uns ja auch in der Bar bei dir um die Ecke treffen. Es kommen übrigens nur Mütter: Pia, Bettina und Simone.«

Das waren alles Freundinnen von Raffaella, die sie aus dem Studium kannte. Ich war denen ein paarmal begegnet. Alle drei sehr lustige und saunette Frauen. »Ja, warum eigentlich nicht?«, dachte ich.

Ich zog mir also eine frischgewaschene Bluse an, ohne Milch-flecken. Aber ich fühlte mich wie ein großer Wabbelkloß. »Ist jetzt egal, Lucie«, beruhigte ich mich, »du triffst dich doch mit Müttern, die kennen das Gefühl.« Ich quetschte mich in meinen Fellmantel und machte mich auf den Weg zur Bar. Seltsam, so ohne Kind vor die Tür zu gehen. Und dann auch noch im Dunkeln.

Raffaella saß schon mit ihren Mädels bei der ersten Runde Drinks, als ich eintraf. Es wurde laut gelacht und als sie mich entdeckten, winkte mir Pia stürmisch zu: »LUUCIE!! Wie schön, dass wir dich loseisen konnten. Wir sind auch schon voll im Thema. Sag mal, wie war denn dein erstes Mal nach der Geburt? Oder habt ihr noch gar nicht?«

Okay, das nenne ich einen Kaltstart. Ich kam gerade aus Bullerbü und schaffte die Transferleistung zum Sex-Talk nicht so schnell.

»Ich brauche erstmal was zu trinken«, erklärte ich, um etwas Zeit zu schinden. Und dabei bemerkte ich zu meinem eigenen Erstaunen, dass mir auch so gar nichts Lässiges und Schnodderiges einfallen mochte und ich nur möglichst schnell das Thema wechseln wollte. Wie prüde! Was war denn bloß los mit mir? So war ich doch sonst nie. Die Mädels hatten aber überhaupt keine Lust auf Zurückhaltung.

»Also ich«, fuhr Pia mit einem breiten Grinsen fort, »ich konnte während der Schwangerschaft an nichts anderes denken. An GAR NICHTS anderes. Und ich hatte ja 25 Kilo mehr auf den Rippen, das heißt, ich war dieses monströse Etwas, das seinen Mann anschrie: ABER ICH WILL JETZT!! Ich BRAUCHE es jetzt!!«

Sie lachte schallend und alle anderen ließen sich anstecken. Die Jungs am Nachbartisch drehten sich irritiert zu uns um.

»Erst später hat er mir gestanden, dass er völlig überfordert war. Da saß diese Furie vor ihm und schrie nach Sex!« (Jetzt hatten die Jungs Elefantenohren.)

Okay, das war wirklich lustig. Ich musste unweigerlich mitlachen. Vor allem, weil Pia eine irre schöne, edle und dunkelhaarige Frau ist, an der man kaum einen Makel entdecken kann. Sie mir als übergewichtige Furie vorzustellen war sehr skurril und lustig.

Ich überlegte, wie es bei mir war. Nicht so extrem.

»Ich erinnere mich noch, dass ich mich am Anfang irre attraktiv fühlte. Schon allein der Gedanke, dass ich schwanger war und mit kleinem Bauch in engen Kleidern und High Heels durch die Gegend lief, fand ich großartig und sexy. Als ich aber dann meine 17 Kilo extra mit mir rumschleppte und an Rücken litt, da hatte ich überhaupt keine Lust mehr auf Sex. Da war ich ehrlich gesagt froh, wenn ich mich alleine aus dem Bett hieven konnte. Ich war auch nicht so traurig, dass Marc zu dem Zeitpunkt viel unterwegs war. Da musste ich gar nicht erst so tun als ob«, wählte ich meinen Wortbeitrag mit Bedacht.

»Ach, echt?«, staunte Bettina. »Ich hatte schon Bock. Aber Stefan war völlig irritiert. Für den war es echt schwierig, in Stimmung zu kommen. Und zwar von dem Moment an, als wir wussten, dass ich schwanger war. Danach lief überhaupt nichts mehr im Bett.«

»Hat dich das nicht furchtbar verletzt?«, fragte ich sie. Marc mochte meinen Bauch sehr. Und meine explodierte Oberweite besonders. Von der hatte er allerdings nicht viel, weil mir die Dinger so wehtaten, dass er sie nur von Weitem bewundern durfte.

»Allerdings«, sagte Bettina, »ich war auch stinksauer und stand ehrlich gesagt kurz davor, die Scheidung einzureichen. Aber es war einfach nichts zu machen bei ihm. Er hatte eine Höllenangst, dass dem Baby etwas passieren könnte beim Sex. Sogar der Frauenarzt hat ihm erklärt, dass alles okay ist, wenn man jetzt nicht irgendwelche irren Kunststücke macht. Aber es ging für ihn nicht. Er fand das auch ganz furchtbar. Ich habe mir dann sehr viel Spielzeug zugelegt.«

Lautes Lachen unsererseits, die Elefantenohren-Jungs rutschten näher.

»Ich fand das erste Mal nach der Geburt total seltsam«, sagte Raffaella und nippte an ihrem Gin Tonic. »Ich musste die ganze Zeit denken: Aber da ist doch mein Baby rausgekommen und jetzt steckt da mein Mann drin!«

»Ja, das ist ja irgendwie auch komisch«, sagte ich. Ich fühlte mich wie die zweite Nachrichtenfrau im japanischen Fernsehen, die nur affirmative Grunzlaute von sich gibt, weil sie keinen eigenen Wortbeitrag hat. Wo ist Lucie? Wie distanziert Lucie in letzter Zeit von ihrem eigenen Körper und ihrer Lust war ... so ungewohnt. Und wieso redete ich mit mir selbst in der dritten Person? Das war ja erschreckend.

»Warum ist das denn eigentlich komisch?«, unterbrach Simone meine Gedanken. »Warum bilden das Muttersein, Sex und Sich-sexy-fühlen keine Einheit?«

»Daran ist die Kirche schuld«, behauptete Raffaella im Brustton der Überzeugung, »die hat vor über 2000 Jahren dieses Gerücht in die Welt gesetzt, dass Mütter und Sex zusammenpassen wie der Teufel und das Weihwasser.«

»Aber daran glaubt doch mittlerweile auch niemand mehr, und wir hatten jetzt ja auch ne Menge Zeit, uns davon zu befreien«, antwortete ich. Alle nickten zustimmend. Aber niemand hatte eine Antwort.

»Aber manchmal kriege ich das auch nicht unter einen Hut«, sagte ich. »Da habe ich dieses duftende Baby auf dem Arm und dann drehe ich mich um und Leinen los?«

»Das kommt schon wieder«, sagte Simone, »nach der Geburt war ich dann nämlich diejenige, die keinen Sex wollte und Stefan stand hufescharrend neben dem Bett. Aber irgendwann war es wieder so weit, ich habe es auch gebraucht. Aber das dauert. Außerdem kommen die winzigen Zeitfenster dazu. Nach Lauras Stern und vor der Tagesschau. Das ist manchmal wie Speedpimpern!« Gruppenkichern, rote Elefantenohren.

»Was ist denn nun?«, Pia ließ nicht locker. »Wie war dein erstes Mal nach der Geburt?«

Ich hielt mich an meinem Champagner fest und versuchte wieder, Zeit zu schinden. Ehrlich gesagt hatte es das noch nicht gegeben. Aber es war bisher auch gar kein Thema gewesen. Interessanterweise weder für mich noch für Marc. Auf jeden Fall hatten weder er noch ich ein Wort darüber verloren. Und während ich das dachte, merkte ich, wie sehr mich das irritierte. Ich fühlte mich gerade so weit entfernt von meinem Körper wie nie zuvor. Da ich einen Kaiserschnitt gehabt hatte, belastete mich der Gedanke »Oh, Gott, da ist mein Kind durchgegangen« nicht. Ich fühlte mich nur wie in zwei Hälften geschnitten. Ein wabbeliger, unförmiger Kloß mit einer großen Narbe, auf dem zufällig mein Kopf saß. Ich war die gut funktionierende Melkmaschine. Melkmaschinen hatten keinen Sex.

»Gab's noch nicht«, gestand ich kleinlaut und nippte am Glas.

»Das erste Mal ist wie über einen Zaun zu springen«, sagte Simone, »man muss die Hürde nehmen. Und sich keine großen Hoffnungen machen, dass es toll wird.«

»Stimmt«, nickten die anderen. »Aber wenn man es zu lange vor sich herschiebt, dann wächst das Projekt Erst-Sex wie ein Hefeteig und ist am Ende ein riesiger pinkfarbener Elefant, der das Schlafzimmer versperrt.«

Tja, wahrscheinlich hatten sie Recht. Wahrscheinlich wäre das der erste Schritt in Richtung »Ich bin Mutter UND Frau«.

»Ich finde, heute ist doch der ideale Abend dafür«, fuhr Raffaella fort. »Du trinkst jetzt mal schön deinen Champagner aus und dann gehst du nach Hause, Lucie.«

Simone und Pia nickten mir aufmunternd zu und hoben die Gläser: »Auf Lucie! Auf das erste Mal!« Auch die Jungs am Nachbartisch hoben die Gläser und prosteten mir zu.

Na gut, dachte ich und genehmigte mir einen großen Schluck. Super, mit so viel »Unterstützung« konnte ja nichts schiefgehen. Verscheuchen wir den pinken Elefanten …

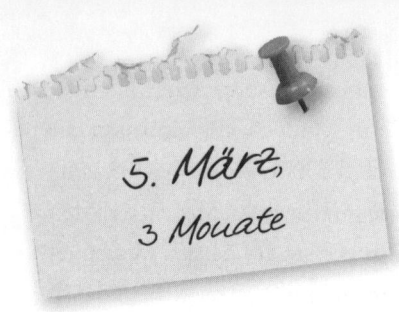

Sagen Sie mir nicht, was ich will!

Ich stehe an der Wursttheke im Supermarkt und es sind noch zwei Leute vor mir. Sam schläft ausnahmsweise mal. Ich habe ihn vorsichtig aus seiner Winterverkleidung geschält. Ich halte mich übermüdet und mit glühenden Wangen am Kinderwagen fest. Es ist diese Sorte von Müdigkeit, die sich anfühlt wie schweres Fieber, bei dem alle Nervenstränge offenliegen. Nur der allerletzte Funken Selbstbeherrschung in mir hält mich davon ab, meinen Fellmantel auf dem kalten und matschigen Supermarktboden auszubreiten und mich daraufzulegen. Ich wäre wahrscheinlich in weniger als einer Sekunde im Tiefschlaf.

Eigentlich ist Marc der Einkäufer und Koch bei uns. Das war schon immer so. Für ihn ist Einkaufengehen wie Wellness und er kann stundenlang vor der Käsetheke stehen und darüber meditieren, welcher Käse denn am besten zu dem gerade erworbenen Walnussbrot passt. Ich genieße das Walnussbrot mit dem passenden Käse dann auch sehr, aber wenn man mich los-schickt, dann bin ich eher so die pragmatische und prosaische Einkäuferin: Milch, Butter, Mischbrot und Durchschnittsauf-schnitt. Mit Sam vermeide ich normalerweise Ausflüge in den Supermarkt. Meistens brüllt er schon wie am Spieß, wenn sich die automatische Tür hinter uns schließt. Anscheinend hat er die Einkaufsleidenschaft seines Vaters nicht geerbt. Dazu kommt noch, dass wir ja im vierten Stock ohne Aufzug woh-nen und ich heilfroh bin, wenn ich das Kind ohne Zwischenfäl-le nach oben gebracht habe – ohne zusätzliches Gepäck.

Aber heute habe ich so einen wahnsinnigen Appetit auf Par-maschinken, dass ich dieses Abenteuer gewagt habe. Während ich aber in der Schlange vor der Theke vor lauter Müdigkeit hin und her schwanke und mit Schweißausbrüchen kämpfe, bereue ich mein Wagnis bereits bitterlich. Ich will nur noch nach Hau-se. Gerade will ich umdrehen und gehen, da höre ich: »Und was kann ich für Sie tun?«

»Ähh, ich hätte gerne von dem Parmaschinken hier.« Ich zei-ge auf den fein geschnittenen Schinken. Komm, jetzt reiß dich noch zwei Minuten lang zusammen, Lucie, sage ich mir, dann hast du deinen Schinken und dann geht's gleich nach Hause.

Die junge Verkäuferin hat eine quietschvergnügte Micky-Maus-Stimme, die in meinen Ohren unangenehm schrill klingt. Sie deutet mit ihrer großen Gabel auf den Serranoschinken und sagt freundlich: »Der Serrano ist heute im Angebot, möchten Sie vielleicht lieber den?«

Sie hätte genauso gut mit ihrer Gabel über meine offen liegenden Nervenstränge kratzen können. Die Welt steht für eine Zehntelsekunde still, dann höre ich plötzlich eine laute Stimme brüllen: »SAGEN SIE MIR NICHT, WAS ICH WILL ODER NICHT WILL!!! SIE KENNEN MICH DOCH GAR NICHT!! ICH WEISS, WAS ICH WILL!«

War ich das? Ich spüre, wie mir Tränen über die Wangen laufen, ich zittere am ganzen Körper. Die Stimme kam aus meinem tiefen Inneren. Habe ich ein Alien verschluckt wie Sigourney Weaver, das jetzt hier an der Wursttheke rauswill? Oder was ist los?

Der jungen Wurstverkäuferin steht der Schock ins Gesicht geschrieben. Sie ist schneeweiß und stottert: »Ich wollte Ihnen nur helfen … so ein Angebot ist doch schön …« Auch sie kämpft jetzt mit den Tränen.

Oh Gott, was habe ich nur getan? Mich starren gefühlte 20 Augenpaare an und ich habe eine fast heulende Verkäuferin vor mir. Ich murmle schnell eine Entschuldigung und renne schluchzend mit dem Kinderwagen durch die Gänge zum Ausgang. Die Winterluft wirkt wie eine kalte Dusche. Ich packe den schlafenden Sam schnell wieder in seine Winterverkleidung, schließe meinen Mantel und stolpere ziellos die Straße hinunter. Und wieder kommen die Tränen und die Wut hoch und ich schluchze und beiße die Zähne zusammen, damit ich nicht laut brülle wie eine verletzte Löwin. Langsam kommen auch die Bilder zu meiner Wut.

Wie mir neun Tage nach Sams Geburt die Oberärztin am Telefon erklärt, ich hätte nicht die Kompetenz einzuschätzen, wie es meinem Sohn geht, wie sie mich verhöhnt und uns nicht nach Hause gehen lassen will, obwohl mein Bauchgefühl mir sagt, dass wir so schnell wie möglich aus diesem Krankenhaus rausmüssen. Wie ich das Gewicht von meinem Sohn auf der Checkliste heimlich nach oben korrigiere. Wie mir eine Schwester zuflüstert: »Sie müssen hier dringend raus.« Wie wir in einer Nacht-und-Nebel-Aktion durch einen Schneesturm nach Hause flüchten. Wie wir zu Hause von der Klinik weiter telefonisch drangsaliert und unter Druck gesetzt werden und zum Glück dank unserer Hebamme in einem anderen Krankenhaus landen, das uns mit den Worten beruhigt: »Ihr Baby ist topfit! Sie machen das alles sehr gut. Kommen Sie doch einfach alle drei Tage zur Kontrolle.« Und uns sofort wieder nach Hause schickt.

Ich höre noch den genauen Wortlaut des letzten Telefonats, bei dem ich ganz cool und nüchtern erkläre, dass wir das Krankenhaus gewechselt haben und ich mich selten so miserabel betreut gefühlt habe. Damals habe ich gekocht vor Wut. Aber ich habe ihnen meine Wut nicht entgegengeschrien. Ich habe mich zusammengerissen, nüchtern und wie eine Anwältin gesprochen, damit sie mich nicht als hysterische Kuh abstempeln.

Aber genau das ist ein Fehler gewesen. Hätte ich doch damals einfach gebrüllt und nicht meine preußische Erziehung überhandnehmen lassen, sondern ihnen meine Wut um die Ohren gehauen. Dann hätte das heute die arme Wurstverkäuferin nicht ausbaden müssen.

Ich bin mittlerweile zu Hause angekommen. Sam tut mir den Gefallen und schläft noch. Ich beruhige mich langsam wieder. Mir tut die Verkäuferin sehr leid. Ich muss aber auch lachen, wenn ich an das Bild denke, wie ich als übermüdete Furie vor der Wursttheke ausflippe. Ich kann mich da vorerst eine Weile nicht blicken lassen. In Gedanken schicke ich ihr eine Entschuldigung. Vorbeigehen schaffe ich nicht. Dann lege ich mich hin und nutze die Gelegenheit, dass mein Sohn noch immer schläft.

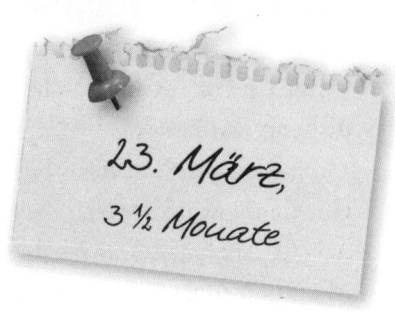

23. März,
3 ½ Monate

Der Postbote klingelt hier schon lange nicht mehr

Es gibt Wörter, die einfach keinen Stil haben und hässlich sind. Stilldemenz gehört auf jeden Fall dazu. Während man in Skandinavien und sogar bei den Amerikanern ganz poetisch von Stillnebel oder Stilldunst spricht und das bei mir damit die Assoziation erweckt, dass ich beim Stillen eine wunderschöne, wenn auch von Nebel umgebene zarte Elfe bin, hört sich »Stilldemenz« einfach nach Chaosbude, stinkenden Windeln, zerzausten Haaren und hysterischer Mutter an. Egal, welches Bild mehr der Realität entspricht, ich will nicht in diese Schublade.

Ich habe das Wort mal gegoogelt und bei Wikipedia schreiben sie unter anderem das hier:

»Die Beobachtung von kognitiven Einschränkungen und Gedächtnisstörungen in der Schwangerschaft (*maternal amnesia*, mütterliche Amnesie) und der Phase nach der Geburt aufgrund von Hormonveränderungen ist schon länger beschrieben.«

Auch nicht schön. Das hört sich nach Krankheit an. Was ist denn nur los? Wo bleibt denn da die Poesie? Na klar bin ich übermüdet. Erst der Marathon Schwangerschaft mit den Hormonschwankungen, gegen die Doping ein Vitamincocktail ist (dabei hielten sich meine ja noch in Grenzen), dann die Marathon-Geburt. Und während jeder, der den Ironman läuft, danach erst mal ordentlich Urlaub macht und sich ausschläft, geht's bei uns Müttern ja erst richtig los.

Ich zumindest habe mittlerweile jedes Zeitgefühl verloren. Manchmal schaue ich auf die Uhr in der festen Annahme (oder besser gesagt Hoffnung), dass es bereits 18 Uhr ist, dabei habe ich noch nicht einmal den Vormittag geschafft. Die Nächte und Tage gleiten ineinander über und schon der Einkauf von einem Liter Milch kann eine kaum zu bewältigende Herausforderung sein. Zum einen aufgrund der zähflüssigen Müdigkeit, mit der ich ausgekleidet bin, zum anderen aber auch, weil ich oft angezogen unten vor dem Haus stehe und Sam zufrieden im Wagen liegt, aber ich schlicht und ergreifend vergessen habe, was ich eigentlich einkaufen wollte. Ich schreibe mir manchmal Einkaufszettel, die nur aus zwei Worten bestehen: Butter und Milch. Weil ich mir die zwei Sachen nicht merken kann. Meistens bleibt der Zettel allerdings auf dem Küchentisch liegen und ich stehe darum zwar gedemütigt, aber immerhin mit dem Wissen vor der Tür, dass oben in der Wohnung des Rätsels Lösung liegt.

Heute ist der Vormittag besonders hart. Schon seit 9:30 Uhr sehe ich in nicht mehr messbaren Abständen und mit naiver, aber zunehmend verzweifelter Hoffnung auf die Uhr, ob es nicht schon bald 18 Uhr ist. Ich kann meine Augenlider nicht mehr heben, ich sitze auf der Couch mit einem SEHR wachen kleinen Sam und vor lauter Kraftlosigkeit läuft mir ein Spuckefaden aus dem Mund. Sam will unentwegt an meiner Brust trinken (Wachstumsschub? Langeweile?) und ich will nur eins: schlafen. Alleine und ungestört bis ins nächste Jahrhundert. Ich komme mir vor wie nach einer durchzechten Nacht, nur ohne den Spaß davor. Immer wenn ich mal wegdöse, werde ich von Sams fröhlichem Gequietsche wieder wach. Oder träume ich das Quietschen nur? Plötzlich höre ich ein Klingeln. Oder klingelt es in meinem Traum? Es klingelt noch mal. Nein, es ist unsere Türklingel. Ich lege Sam in sein Bettchen und wanke zur Tür. Es ist wirklich demütigend, dass mich ein drei Monate altes Baby so fertig machen kann. Ich öffne die Wohnungstür, davor steht ein junger Mann von der Post. Er ist groß, schlaksig, Dreitagebart, blond, eigentlich ganz süß. Er starrt mich mit offenem Mund an. Was ist denn mit dem los? Noch nie eine verpennte Mutter gesehen?

»Äh, äh, äh«, stottert er los und fixiert dabei krampfhaft meine Augenbrauen. Mein Gott, denke ich, ist das sein erster Tag bei der Post? Hat der etwa Lampenfieber?

Er stammelt: »P-p-p-p-päckchn f-f-fü-fü-für S-S-S-S-Se-Se-Sie …«

Jetzt wird er auch noch knallrot. Himmel, die Post sollte ihre Mitarbeiter wirklich dringend besser schulen. Vielleicht mit Schauspielunterricht oder irgendeiner Art von Coaching.

Wenn der bei jeder Auslieferung so aufgeregt ist, dann hat der nächste Woche einen Herzinfarkt.

Ich nehme ihm das Päckchen schnell ab. Ich will ja auch möglichst schnell wieder auf die Couch. Meine Knie sind weich und mein Kopf steckt fest in einer Nebelwand. Als ich mich vorlehne, um zu unterschreiben, zuckt er heftig zusammen. Mann, Mann, Mann, Augen auf bei der Berufswahl, schaffe ich noch zu denken, bevor ich mich verabschiede und die Tür wieder schließe.

Ich drehe mich zur Seite, um das Päckchen auf den Tisch neben die Garderobe zu legen. Da fällt mein Blick auf mein Spiegelbild. Ich erstarre. Das kann nicht wahr sein. Ich weiß nicht, ob ich lachen oder weinen soll. Ich entscheide mich für einen hysterischen Lachkrampf. Ich lache so lange, bis mir die Tränen herunterlaufen.

Denn im großen Spiegel sehe ich diese Frau, die eine gewisse Ähnlichkeit mit mir hat. Sie hat die Haare zu einem losen Pferdeschwanz zusammengebunden, aus dem zwei dicke Strähnen heraushängen. Sie hat Ränder unter den Augen und ihr verschmierter Mascara hat ein wildes Tattoo auf ihre Wange gezeichnet. Ihre karierte Bluse ist aufgeknöpft, der rote Still-BH ist auf der einen Seite geöffnet. Ein monströser weißer Busen steht wie der Mount Everest ab. Ein kleiner Strom Milch läuft raus und hat den BH und den Hosenbund bereits völlig durchnässt. Auf der anderen Seite ist der Busen verdeckt, die Stilleinlage hat aber bereits kapituliert und auch diese Seite ist pitschnass.

Oh, mein Gott! Das kann nicht wahr sein. Das bin ich? Bitte nicht! Der arme Postbote! Kein Wunder, dass er keinen klaren Satz formulieren konnte. Jetzt sind die schon so unterbezahlt und dann so etwas. Eigentlich müssten Postboten eine Gefahrenzulage bekommen.

Immer noch lachend und weinend, gehe ich zurück ins Wohnzimmer. Sam ist währenddessen in seinem Bettchen eingeschlafen. Ich lege mich auf die Couch und versuche, die Gunst der Stunde zu nutzen. Es dauert eine Weile, bis ich zur Ruhe komme. Immer wieder schütteln mich neue Lachflashs, während ich überlege, dass man dringend die Formulierung bei Wikipedia ändern sollte:

»Stillnebel – zauberhafter, leicht verwirrender, manchmal aber auch sehr unterhaltsamer Zustand für alle Beteiligten, der immens gute Geschichten für die Nachwelt liefert.«

Wenn ich wieder denken kann, schreibe ich denen von Wikipedia mal.

5. April,
4 Monate

»Machst du Kinderwagen klar?«

U-Bahn-Fahren war noch nie meine große Leidenschaft. Marc findet das wahnsinnig praktisch. Er kann da super in Ruhe Zeitung lesen. Ich finde, man ist mit zu vielen fremden Menschen auf zu engem Raum zusammengepfercht: Es riecht nach Essen und billigem Deo und irgendjemand scheint immer neue Klingeltöne für sein Handy zu suchen. Ohne Kind bin ich immer mit dem Auto gefahren. Das war herrlich. Ich konnte laut Schnulzen wie *My Heart Will Go On* von Céline Dion zum Besten geben. Solche Songs würde ich ansonsten niemals in der Öffentlichkeit hören.

Sam hasst leider Autofahren und brüllt immer wie am Spieß. Das heißt dann für mich, ich sitze mit Schlafdefizit und blanken Nerven hinterm Steuer und bin kurz davor, einen Auffahrunfall zu provozieren, nur um meine Agressionen abzubauen. Je lauter Sam brüllt, desto mehr schießt bei mir die Milch ein und ich sitze völlig entnervt mit klitschnassem Hemd und ihm an der Brust am Straßenrand und bin de facto 500 Meter gefahren. Von dieser Warte aus betrachtet, scheint U-Bahn-Fahren das eindeutig kleinere Übel zu sein.

Trotzdem mache ich es nur, wenn es sich absolut nicht vermeiden lässt. Die U-Bahnhöfe habe ich aufgeteilt in »Fahrstuhl oder Rolltreppe ja/nein«. Und es ist erstaunlich, wie viele Bahnhöfe in Berlin weder Fahrstuhl noch Rolltreppe haben. Es sind eindeutig zu wenig Mütter und Behinderte an der Stadtplanung beteiligt. Ich habe mich noch nie zuvor so mit Rollstuhlfahrern verbunden gefühlt wie jetzt, als Mutter mit einem Kinder-LKW. Man kann sich gar nicht vorstellen, wie entwürdigend es ist, wenn man an einem U-Bahnhof ohne Fahrstuhl vor einer unendlich langen Treppe steht und alle anderen Fahrgäste gar nicht schnell genug an einem vorbeirennen können. Wie machen Rollstuhlfahrer das nur?

Meine Favoriten sind vor allem die Muskelpakete in Jogginganzug, Bomberjacke und Wollmütze, die mit der Sporttasche über der Schulter die Treppe hochhechten und mich keines Blickes würdigen. Soll Püppi doch sehen, wie sie hochkommt, mein Bizeps braucht Hanteln, keinen Kinderwagen.

Es gibt zwei Sorten von Mitfahrern, die einem immer und nahezu ausschließlich beim Tragen helfen: Das sind junge Mütter und Ausländer. Anscheinend kommt es hier zu einer soziologisch hochinteressanten Verbündung von Gruppen, ich würde sogar noch weitergehen und von Randgruppen sprechen. Mir helfen unzählige Mütter mit ihren Babys im Tragetuch dabei, meinen viel zu schweren Kinderwagen hochzu-schleppen.

Gestern stand ich verloren am U-Bahnhof Kottbusser Tor in Kreuzberg. Ich hatte eine Freundin besucht, die dort um die Ecke wohnt, Marc hatte mich hingefahren. Diese Haltestelle war mir schon immer suspekt gewesen. Zu viele Typen mit stecknadelgroßen Pupillen, die nervös hin und her laufen.

Ich blieb vor der Treppe stehen, die zum Bahngleis hoch-führt, neben mir drei junge Türken. Der Fahrstuhl war natürlich defekt. Früher wäre ich einfach mit festem Blick an den Jungs vorbeigesprintet. Aber jetzt mit Kinderwagen, ohne Fahrstuhl? Wohin sollte ich fliehen? Zu Fuß bräuchte ich 45 Minuten nach Hause. Ich fühlte mich nicht wohl. Die schienen mir nicht zu der Sorte zu gehören, die gerne Kinderwägen durch die Gegend schleppten.

Der Älteste der Gruppe wendete sich an seinen Kumpel: »Ey, Hassan, machst du Kinderwagen klar?«

Ach du Scheiße, wollten die mir jetzt etwa meinen Kinder-wagen klauen? Sollte ich Sam noch schnell aus dem Wagen he-ben? Mein Herz raste.

Hassan schlenderte sehr lässig in seiner stonewashed Jeans auf mich zu und nahm die Stöpsel seines iPods aus den Ohren. Ich hielt den Atem an. Er drehte die Musik leiser und frag-te unfassbar höflich: »Soll isch helfen Wagen hochzutragen?«

Und dann schleppte er den Wagen die 70 Stufen hoch. Oben angekommen, wünschte er mir noch einen schönen Tag und mit einem letzten Blick auf Sam rief er mir noch ein »Süße Kind« zu. Ich schämte mich. Ich müsste mich mal dringend mit meinen Vorurteilen auseinandersetzen. Randgruppen sollten doch zusammenhalten.

15. April,
4 ½ Monate

Stillen – mehr als nur eine Frage der Ehre

Stillen ist ja die natürlichste Sache der Welt. Auf jeden Fall habe ich das irgendwo mal gelesen. Tatsächlich habe ich allerdings eher den Eindruck, dass das Thema Stillen ebenso radikal und dogmatisch diskutiert und bewertet wird wie Atomenergie, Stammzellenforschung oder Gentechnik. Es ist, genau genommen, die kleine Schwester des Impfens!

Schon während der Schwangerschaft wurde ich von irgendwelchen entfernten Bekannten befragt, ob ich denn vorhätte, mein Kind zu stillen. Beim ersten Verhör antwortete ich noch ganz naiv: »Ja, mal sehen. Wenn's klappt.«

Anscheinend war meine Antwort nicht die richtige, denn ich kriegte sofort zu hören: »Du musst! Ist besser fürs Kind. Und wie lange?«

»Ähm. Keine Ahnung. Mal sehen.«

Auch diese Antwort kam so kein zweites Mal über meine Lippen. Mein Gegenüber fiel fast vom Stuhl: »Du MUSST

MINDESTENS sechs Monate stillen, sonst kriegt dein Kind Allergien und mit großer Sicherheit Bindungsprobleme.« Ich war schon vor der Geburt eine Rabenmutter.

Als Sam dann auf die Welt kam, wollte ich ihn stillen. Aber erst an seinem dritten Lebenstag durfte er aus dem Brutkasten zu mir auf den Arm. Und wir versuchten unser Glück. Ich werde das Gefühl niemals vergessen, als er zum ersten Mal trank. Es war archaisch und kraftvoll.

Ich stille gerne, ich finde es kuschelig, ich höre ihn gerne schmatzen, ich mag die Nähe, es ist irrsinnig bequem, immer und überall Nahrung fürs Kind dabeizuhaben. Auch wenn ich mich in der Öffentlichkeit wie ein Idiot anstelle. Leider habe ich so viel Milch, dass ich fast platze. Ich könnte in Milch baden. Das tun wir auch in regelmäßigen Abständen nachts, wenn Sam und ich beim Stillen einschlafen und ich vergesse, die Still-pads wieder mit in den BH zu schieben. Ohne BH schlafen geht nicht, sonst setze ich das Bett unter Wasser bzw. Milch. Meine Hebamme empfiehlt mir Pfefferminztee, damit ich die Menge irgendwie in Schach halten kann. Das hilft allerdings nicht besonders. In unserem Gefrierfach tümmeln sich nicht Scampi, Blattspinat oder Vanilleeis, sondern gefrorene Milch-seen – wo bleibt die EU mit ihren Subventionen?! Alles ist Milch! Ich trage nur noch wallende Gewänder und fühle mich nicht besonders wohl in meinem Körper. Aber was soll's? Reiß dich zusammen, Lucie, er ist sechs Wochen zu früh auf die Welt gekommen, da wirst du ja wohl sechs Monate Stillen schaffen.

Ich bin jetzt bei gut viereinhalb Monaten, genauer gesagt bei 19 Wochen und vier Tagen, und ich kann nicht mehr. Mein Körper schmerzt wie nach so einem scheiß Crosslauf. Ich habe Rückenschmerzen, ich will mal wieder ohne BH schlafen und ich will nicht ständig auslaufen wie eine defekte Wasserleitung. Sam trinkt jetzt alle anderthalb bis zwei Stunden. Ich pumpe zwar ab und Marc übernimmt auch Nachtschichten, nur Durchschlafen ist nicht. Wenn ich nicht alle zwei Stunden abstreiche, dann wache ich von den Schmerzen in der Brust auf. Mein schlechtes Gewissen sitzt wie ein monströses Ungeheuer auf meinen Schultern und begleitet mich auf Schritt und Tritt. »Du wirst ja wohl nicht schlappmachen, Lucie«, spottet es.

Das Schlechte-Gewissen-Ungeheuer ist so groß, dass ich es gar nicht wage, mit jemandem darüber zu reden. Noch nicht mal mit Marc. Und auch nicht mit Raffaella. Ich erwarte die sofortige Steinigung. Und ganz ehrlich: In Berlin Prenzlauer Berg ist die Vermutung auch nicht so abwegig. Interessanterweise scheint man dieses Thema regional sehr unterschiedlich zu behandeln. Meine Freundin Karin in Köln, der ich mich am Telefon leise flüsternd anvertraue, versteht mein Problem überhaupt nicht:

»Ich habe beim ersten Kind vier Wochen gestillt und beim zweiten sechs Wochen. Danach habe ich selbstverständlich abgestillt. Die Kinder sollen doch auch mal bei der Oma übernachten.«

Auch ihr wäre hier eine Steinigung sicher. Aber das hilft mir trotzdem nicht weiter. Man könnte meinen, sie sei ein Einzelfall, aber tatsächlich stelle ich bei einer Umfrage fest: Alle meine Freunde und Bekannte in Köln und Umgebung haben in dieser Frage eine so entspannte Haltung. Liegt das am Kölsch?

Irgendwie ergibt das keinen Sinn. Auf der einen Seite findet man im ganzen Rheinland kaum einen Kindergartenplatz für Kinder unter drei Jahren, auf der anderen Seite aber sind die flott beim Abstillen. Und während man in Berlin seine Kinder schon mal mit drei Monaten in die Krippe gibt, wird hier auf Biegen und Brechen gestillt. Wie hat Frau von der Leyen das eigentlich gemacht mit ihren sieben Kindern? Hat sie jedes Mal sechs Monate gestillt? Das wären dann ja insgesamt 42 Monate gewesen. Oh Gott, und ich mache schon nach knapp viereinhalb Monaten schlapp.

Meine Hebamme hat für ihre Pappenheimer zum Glück einen guten Riecher. »Wie geht's dir denn mit dem Stillen, Lucie?«, fragt sie bei einem ihrer Besuche, völlig aus dem Nichts. »Gut«, antworte ich schnell und betont fröhlich, um keine zwei Sekunden später in Tränen auszubrechen.

»ICH KANN NICHT MEHR! Sam will jetzt alle zwei Stunden trinken«, schluchze ich.

Mehr kriege ich nicht raus. Sie sitzt ganz ruhig da, während ich mich wie eine Zehnjährige fühle, die gesteht, dass sie beim Mathetest geschummelt hat. Sam sitzt bei ihr auf dem Schoß und lutscht an seinen Speckhändchen.

»Na, der wird Hunger haben. Dann gib ihm doch abends ein Fläschchen mit Milchpulver. Dann wird er bestimmt anfangen, längere Schlafphasen zu haben. Du kannst ja tagsüber noch ab und zu stillen. Oder willst du lieber ganz abstillen?«

Ich stutze. Ist das eine Fangfrage? Will die mich verarschen? Ich habe mich auf eine Moralkeule gefasst gemacht und die sitzt da und bietet mir in aller Ruhe Abstillmodule an?

Ich trau dem Frieden nicht. Hinter meinem Rücken wird die mich bestimmt bei anderen Müttern als Negativbeispiel dissen:

»Also, ich hatte da mal eine Mutter, eigentlich ganz nett, aber dann bekommt die ein Frühchen, auch noch mit Kaiserschnitt, und obwohl das Kind mit Lungenentzündung im Brutkasten lag, hat die den doch tatsächlich nach vier Monaten abgestillt.«

Ich stottere noch immer: »Naja … nee … also, wenigstens am Abend eine Flasche wäre ja schon mal eine Erleichterung.«

Am liebsten würde ich aufspringen und brüllen: »Jaaaaa! Ganz abstillen!! Bitte!!! Geht das jetzt gleich??«

Aber das traue ich mich nicht.

Corinna aber ist schlau. Ich bin ja wahrscheinlich nicht die erste Mutter, die so rumhampelt und vor schlechtem Gewissen fast platzt.

»Was hältst du denn von folgendem Vorschlag: Du fängst jetzt mal an, ihm abends ein Fläschchen zu geben. Und dann besorgst du Birnenmus und morgen probieren wir mal, ob er Lust hat, schon ein bisschen was zu essen. Kinder sind da ja ganz unterschiedlich.«

Das hört sich gut an. Das ist doch endlich mal eine Perspektive. Marc rennt gleich los, um das Milchpulver zu kaufen.

»Nehmt im ersten Lebensjahr Ziegenmilchpulver. Das ist von der Zusammensetzung her der Muttermilch am ähnlichsten. Das vertragen die Kleinen am besten. Und hilft auch zur Vorbeugung von Allergien«, gibt uns Corinna noch mit auf den Weg.

Natürlich nehmen wir Ziegenmilchpulver. Bei meiner Angst, die Gesundheit, die Zukunft, ach was, das Leben meines Sohnes zu versauen, hätte ich auch südamerikanische Eidechsenmilch gekauft. Oder gleich eine Eidechsenfarm aufgemacht, wenn man die Milch nicht hier hätte kaufen können.

27. April,
5 Monate

Aschenputtels Schwester

Ich war mir immer sicher, dass ich mal zu denen gehören würde, die in der Schwangerschaft maximal das Gewicht des Kindes zunehmen. Das Gegenteil war der Fall. Bei einer Routineuntersuchung mit Gewichtscheck beim Frauenarzt kippte ich fast rückwärts von der Waage, als ich im fünften Monat bereits zehn Kilo mehr auf den Rippen hatte. Meine Hebamme nahm es ganz cool: »Du, besonders schlanke Frauen nehmen in der Schwangerschaft oftmals mehr zu als jene, die von Natur aus fülliger sind.«

An dem Satz hielt ich mich fest wie ein Pitbull. Ganz gleich, ob die Info jemand hören wollte oder nicht, wenn es um meinen körperlichen Zustand in der Schwangerschaft ging (und auch wenn es gar nicht um das Thema Gewicht ging), erwähnte ich immer ungefragt: »Also, meine Hebamme hat gesagt, bei besonders (Betonung lag auf BESONDERS) schlanken Frauen ist es normal, dass wir mehr zunehmen.« Es war schon mitleiderregend, wie sehr ich mich an diesem Satz festhielt.

Da saß ich nun in Turnschuhen, Schwangerschaftshose und Tunika und wollte mein altes Leben um jeden Preis behalten. Nach der Geburt verschwanden die ersten Kilos relativ schnell. Das Stillen übernahm den Rest. Aber die letzten vier Kilos halten sich immer noch hartnäckig. Egal, was ich unternehme, sie wollen mich nicht verlassen. Ich jogge, mache Yoga und esse so widerliche Kohlsuppe am Abend, dass sogar Sam seine Nase über den Geruch rümpft. Die Kilos kleben wie Pech an mir. Jeden Tag probiere ich meine Lieblingsjeans an, aber ich bekomme sie nur bis zur Hälfte der Oberschenkel. Dann ist Ende Gelände. Wie machen das denn bitte Kate Moss, Viktoria Beckham oder Heidi Klum? Die sehen vier Stunden nach der Geburt aus wie ich vielleicht nach sechs Wochen Ayurveda in Indien mit täglich zwölf Stunden Yoga, Lymphdrainage und Spezialdiät. Ich werde grün vor Neid, wenn ich die Zeitschriften durchblättere und mir Fotos anschauen muss, auf denen die in ihren Skinny Jeans auf High Heels mit drei Wochen altem Säugling auf dem Arm lässig im Café sitzen.

Ich glaube, ich kaufe mir jetzt doch so Spanx-Unterwäsche. Das sieht zwar so sexy aus wie ein dünner Neoprenanzug, aber jedes Fettpolster wird einfach an einen anderen Platz geschoben, wo es halt besser aussieht. Sexy sind die allerdings wirklich nur, wenn man Kleidung drüber hat. Das heißt, ich müsste mich auf jeden Fall heimlich im Bad ausziehen, bevor ich ins Bett gehe. Sonst ist das ein hundertprozentiger Erotikkiller. »Eine Ehe hält länger, wenn man getrennte Bäder hat«, sagte doch mal Joan Crawford. Oder war es Bette Davis? Oder

Katherine Hepburn? Egal, jetzt verstehe ich erst, wie wahr das ist.

Aber das ist nicht mein einziges Problem. Viel dramatischer ist die Tatsache, dass sich während der Schwangerschaft meine Füße vergrößert haben. Und zwar um eine ganze Größe! Eine ganze Größe! Aus einer glatten 38 ist eine 39 und manchmal sogar eine 39,5 geworden. Das hat Auswirkungen, die ich im ersten Moment gar nicht so realisiert habe. Die Turnschuhe, in denen ich die zweite Hälfte meiner Schwangerschaft verbracht habe, waren so ausgeleiert, dass ich das Wachstum meiner Füße erst gar nicht bemerkte. Und mich zwickte es sowieso immer irgendwo, da fiel es nicht weiter auf, dass der große Zeh vorne im Schuh etwas anstieß. Nach der Geburt musste ich mich irgendwie immer in alles reinzwängen. Meine Turnschuhe waren weiterhin mein bester Freund. Erst heute Morgen ist mir das ganze Ausmaß bewusst geworden, als ich mir vornahm, mal wieder mehr auf meine Kleidung zu achten. Jetzt stehe ich vor meinem Schuhschrank und habe alle Schuhe anprobiert, die sich in den letzten Jahren angesammelt haben: von glitzernden Flip Flops, die ich in China Town in New York gekauft habe, über die pink-türkisfarbenen Cowboy Stiefel aus einem Secondhandladen in London bis zu meinen kirschroten Prada-Lack-High Heels, für die ich zwei Monate lang nur Rührei gegessen habe, um sie mir leisten zu können. Ich stehe vor meinen 23 Paar Schuhen, probiere jedes an und merke: Ich passe bis auf die Billo-Latschen vom Markt in Sizilien in keine, wirklich gar keine mehr rein.

Es ist ein wahr gewordener Alptraum. Das hat mir wirklich niemand vorher erzählt! Darauf bin ich nicht vorbereitet. Und mein Konto schon gar nicht. Bei der Berechnung von Kinder- oder Elterngeld wird so etwas ja völlig übersehen. Dabei ist das ein immenser Posten. Ich glaube, die benötigen eine vollkommen neue Formel. Es ist ja geradezu grob fahrlässig, sich ausschließlich nach dem Gehalt vor der Geburt des Kindes zu richten, sondern man sollte ganz dringend den Faktor »irreversible körperliche Veränderungen« mit einbeziehen. Denn die vier Kilo, die wie lästiger Besuch auf meiner Hüftcouch sitzen, werde ich schon noch verjagen. Aber wie sollen meine Füße wieder kleiner werden? Gibt es da einen Trick? Drei Stunden Kopfstand jeden Tag? Enge Socken? Oder wie haben die Chinesen das noch mal gemacht? Haben die nicht die Füße so eng eingeschnürt, dass sie einfach nicht mehr wachsen konnten? Aber ich glaube, das geht nur mit Kinderfüßen. Wobei, ein Versuch wäre es vielleicht wert.

Gut, ich gebe zu, man braucht nicht unbedingt 23 Paar Schuhe. Aber nur Flip Flops und dazu die Schwangerschaftshose wegen der vier Kilo sind auch keine Alternative. Ich erinnere mich jetzt ganz dunkel, dass Raffaella nach ihrer Schwangerschaft mal in einem Nebensatz erwähnte, dass sie größere Füße bekommen hätte. Von einer knappen 41 ist sie bei einer soliden 42 gelandet. Aber Raffaella findet auch mehr als drei Paar Schuhe überflüssig. Darum war das kein großes Thema für sie und ich weiß noch, wie ich dachte: »Tja, mein Gott, dann muss die sich halt ein neues Paar Gummistiefel kaufen. Ist jetzt ja auch nicht so tragisch.«

Es ist echt nicht fair, dass ich nicht arbeiten kann (wegen Kind), keine Schuhe mehr habe (wegen Kind) und nur in Schwangerschaftsklamotten rumlaufen soll (wegen Kind). Ich muss dringend eine Petition einreichen.

4. Mai,
5 Monate

Das Leben ein bisschen schubsen ...

Ich bin im Babyalltag festgefahren und leide. Vor allem bemitleide ich mich. Ich habe Hummeln im Hintern und will endlich mal wieder raus in die wilde weite Welt. Aber beruflich tut sich nichts. Anfragen zerschlagen sich, oder Projekte werden kurzfristig verschoben. Mein Alltag besteht aus Windeln, Brei, Müdigkeit und viel Kaffee.

Der Einzige, der sein gewohntes Leben weiterführt, ist mein Marc. Und ich bin so neidisch, dass ich mit Sicherheit dauerhaft grün bin. Während Marc Termine in München, Hamburg und so weiter hat, kann ich meinen Radius mit meinem alten Schulzirkel abstecken. Und manchmal scheint Marc dabei zu vergessen, dass auch sein Leben sich eigentlich grundlegend verändert hat.

»Lucie, ich habe Mittwoch, Donnerstag und Freitag Termine in München«, informiert er mich morgens beim Frühstück, »aber ich fliege schon am Dienstagmorgen, dann kann ich mich noch mit Sven treffen. Den habe ich schon seit einer Ewigkeit nicht mehr gesehen.«

Er hat Glück, dass ich Sam auf dem Arm habe, sonst wäre ich ihm ins Gesicht gesprungen. Anbrüllen kann ich ihn aber auch mit Kind auf dem Arm und das tue ich auch in voller Lautstärke und mit Wutttränen in den Augen:

»Hast du eigentlich einen Knall? Dienstagmorgen? Zum einen ist Dienstagmorgen der Vorsorgetermin, zu dem DU mitkommen wolltest und zum anderen habe ich dir seit Wochen, wirklich WOCHEN (hier überschlägt sich meine Stimme) gesagt, dass Raffaella am Dienstag Geburtstag hat (jetzt völlig hysterisch) und du wolltest Sam nehmen! Und jetzt sitze ich hier nicht nur die ganze Woche alleine mit Kind, nein, du Arsch hängst auch noch einen Tag dran, um deinen entfernten Bekannten Sven zu treffen, den du doch eigentlich nervig findest. Geht's noch??«

Ich glaube, ich habe Schaum vor dem Mund. Marc sitzt wie versteinert da. Ich brülle einfach weiter, kreische unzusammenhängende Worte. Aber was soll's? Es hat sich so viel Frust angestaut, der muss raus. Als ich einmal Luft hole, nutzt Marc die Chance: »Es tut mir leid, Lucie, ich habe so geplant wie früher. Ich glaube, ich bin noch nicht ganz angekommen.«

Ja, das bringt es auf den Punkt. Ich lasse mich schluchzend auf einen Stuhl fallen. Sam nuckelt trotz meines Geschreis einfach nur an seinen Händen und schaut mich interessiert an. Marc setzt sich zu mir und nimmt mich in den Arm.

Wir sind beide noch nicht angekommen. Das ist ein bisschen so wie kurz nach der Führerscheinprüfung. Der Fahrlehrer gibt einem noch den guten Rat mit auf den Weg: »Jetzt müssen Sie in Ruhe Erfahrung im Straßenverkehr sammeln. Und bitte lassen Sie sich dafür Zeit.« Aber das überhört man geflissentlich. Denn: Bei einem selber ist es ja immer anders und darum meldet man sich gleich beim nächsten Paris-Dakar-Rennen an.

Während Marc also nach München fliegt, ziehe ich meine Joggingschuhe an und laufe mit dem Kinderwagen am Spreeufer entlang. Joggen schaffe ich noch nicht so richtig, aber Powerwalken klappt bestens. Mit riesigen Schritten renne ich stundenlang durch die Stadt, am Reichstag vorbei, von der schwangeren Auster zum Schloss Bellevue, durch den Tiergarten bis zu den Zäunen des Berliner Zoos und wieder zurück. Ich habe einen wahnsinnigen Bewegungsdrang. Wenn sich in meinem Miniradius schon nichts bewegt, dann muss ich mich wenigstens bewegen. Sam findet das großartig. Die Hälfte der Zeit schläft er (frische Luft ist ja gut für Babys), ansonsten starrt er in den Himmel und gluckst vor Freude über die Vögel, die immer wieder über uns kreisen. Und ich kann in Ruhe nachdenken.

Etwa auf der Mitte meiner Powerwalkingstrecke ruft Marc an: »Lucie, wir müssen reden. Ich habe ein Angebot für ein Projekt in München. Das heißt mindestens sechs Monate hier. Und eventuell noch länger.«

Ich bleibe stehen, atme die frische Luft ein und schaue auf den Reichstag.

Früher hätte ich gesagt: »Super, dann pendeln wir eben eine Zeit lang zwischen München und Berlin!«

So haben wir das immer gemacht. Unsere gemeinsame Basis war Berlin und ansonsten waren wir wie kleine Satelliten in der Weltgeschichte unterwegs, die sich immer wieder am Ausgangspunkt trafen und updateten. Bei der Vorstellung, dass ich die nächsten drei Monate fünf Tage die Woche allein mit Sam sein würde, kommt mir gleich der Kaffee hoch.

»Dann ziehen wir alle zusammen nach München«, höre ich mich sagen. Ich höre Marc am anderen Ende der Leitung schlucken. Aber es ist schon beschlossene Sache. Da gibt es nichts mehr zu diskutieren. Außerdem schlage ich so zwei Fliegen mit einer Klappe: Wenn sich bei mir nichts bewegt, dann bewege ich mich wenigstens und habe etwas zu tun.

19. Mai,
5 ½ Monate

Gestatten, Lucie Zapf

Ich sitze auf dem Bett in unserem neuen Schlafzimmer in München, um mich herum türmen sich die Umzugskartons. Sam liegt in meinem Arm, nuckelt an seiner Milchflasche und döst langsam weg. Draußen regnet es in Strömen und es wird langsam dunkel. Jetzt sind wir also in München. Ich bin so was von im Eimer.

Nachdem ich beschlossen hatte, dass wir nach München ziehen würden, fing ich in einem Affenzahn an, den Umzug zu planen. Marc bekam keine Gelegenheit, in Ruhe mit mir über das Für und Wider zu sprechen. *Lucie on a mission!* Ich hatte endlich wieder eine Aufgabe. Und ich konnte (vor allem mir) beweisen, dass ich auch mit Kind genauso flexibel war wie vorher. ICH würde mich nicht ändern – keine Chance auf Einsicht.

Seit dem Telefonat mit Marc war ich wie ausgewechselt: Bestens gelaunt, voller Tatendrang, ich fand das Leben herrlich.

131

Was sollte denn an einem Umzug mit Baby so wahnsinnig anders sein als an einem Umzug ohne Baby? Umzüge sind immer eine gute Gelegenheit, auszumisten und sich neu zu erfinden. Man schmeißt seinen Kram in ein paar Kisten und los geht's! (Note to myself: Eigentlich könnte ich mich auch bei dem Umzugsunternehmen Zapf bewerben. Die organisieren Umzüge weltweit. Das wäre für mich doch genau die richtige Nebenbeschäftigung.)

Ich bin bereits 31 Mal in meinem Leben umgezogen. Ich liebe Umzüge! Andere misten den Kleiderschrank aus und schneiden sich die Haare ab, um einen neuen Lebensabschnitt einzuläuten. Aber das ist für mich nur das Pflichtprogramm, die Kür ist eine neue Wohnung. Im Freundeskreis bin ich für diese Sonderbarkeit berühmt-berüchtigt. Wenn eine Wohnung vollständig eingerichtet ist (das heißt bei mir farbige Wände, Mosaikboden in der Küche und eine goldene Decke im Schlafzimmer), dann kommen schon die ersten Fragen aus dem Freundeskreis: »Und, Lucie, jetzt steht ja alles. Langweilst du dich schon? Wann ist der nächste Umzug geplant?«

Der Einzige, der allerdings wirklich und tatsächlich unter meinem Spleen leiden muss, ist mein Bruder Valentin. Er ist handwerklich wahnsinnig begabt und ist dann zuständig dafür, Schränke einzubauen, Küchen zu entwerfen und Lampen aufzuhängen. Marc und ich sind ja bekanntlich kein gutes Handwerkerteam, darum ist das Valentins Terrain. Wenn Valentin mault, weil er schon wieder eine Küche umbauen muss, dann lautet meine Antwort: »Bruderherz, du rettest damit meine Ehe!«

Und genau jetzt hatte ich eine Katharsis dringend nötig. Warum war ich nicht schon früher darauf gekommen, einfach umzuziehen? Und dann auch noch mit einem extra Schwierigkeitsgrad, da wir in eine andere Stadt ziehen würden. Das war doch perfekt!

Rick, einer meiner ältesten Freunde aus Los Angeles, hatte seinen Besuch angekündigt. Er gehört zu den wenigen Leuten, die meine Umzugswut toppen. Besser konnte sein Timing also nicht sein. Und wie durch Feenhand fügte sich alles: Eine Freundin von uns wollte ihre Wohnung in München für mindestens sechs Monate untervermieten. Das hieß, wir konnten München mal ausprobieren, ohne gleich eine Wohnung fest zu mieten und eine Million Verträge zu unterschreiben. Von unserer Berliner Wohnung wollten wir uns sowieso über kurz oder lang trennen: Eine Maisonette im Dachgeschoss, ohne Fahrstuhl und mit einer Dachterrasse, die das Gegenteil von kindersicher ist, passt nicht mehr – genauso wenig wie ein Neon-Stretchmini mit 54! Ich bekam jeden Tag Schweißausbrüche, wenn ich die unendlich lange, wahnwitzig steile Treppe innerhalb der Wohnung herunterging. Raffaella nannte sie nur noch die Grusel-Selbstmord-Treppe und meine Hebamme weigerte sich, sie mit Sam im Arm zu erklimmen. Und ich hatte mir extra für diese Treppe Hausschuhe mit Saugnäpfen gekauft.

Während Marc in München war, strickten Rick und ich den Masterplan: Wir misteten aus und fotografierten die Wohnung, um schneller einen Nachmieter zu finden. Gepackt wurde nur das, was wir wirklich brauchten, den Rest lagerten wir ein. Manchmal fühlte ich mich in alte Zeiten zurückversetzt, als ich abends um zehn beschloss, dass das Regal eigentlich besser in den Flur passt als ins Wohnzimmer. Dann räumte ich bis vier Uhr morgens herum, bis alles perfekt aussah.

Als Marc am Ende der Woche nach Hause kam, war die Hälfte bereits eingepackt, das Umzugsunternehmen bestellt, die Möbel standen verpackt zum Einlagern bereit und ich war bester Laune. Sam hatte die letzten Tage im Tragetuch bei mir vor der Brust oder bei Rick auf dem Arm verbracht und war ebenfalls bester Laune. Alles andere hätte mich aber auch irritiert. Schließlich ist er mein Sohn!

Marc brauchte einen Augenblick, um uns gefühlsmäßig einzuholen. Zum Glück ist aber auch er Hippie genug, um den Wahnsinn zu unterstützen. Als ich Raffaella im Nebensatz erzählte, dass wir für vorläufig sechs Monate umziehen würden, blieb sie gefühlte zehn Minuten stumm, bevor sie dann nur ganz trocken sagte: »Du hast einen Knall.«

Hilly verstand mich total: »Dann habe ich mal wieder eine Anlaufstelle in München. Und lass dir von Raffaella nichts einreden, die war doch schon immer ein bisschen spießig.«

Keine drei Wochen später sind wir tatsächlich mit Sack und Pack in München. Das Umzugsunternehmen hat die Kisten in die Wohnung gestellt und jetzt sitze ich hier im Chaos und füttere meinen kleinen, sechs Monate alten Sohn, während Marc uns beim Inder um die Ecke was zu essen besorgt.

Und um ehrlich zu sein, das ist der erste Moment seit Tagen, in dem ich mal nichts tue. Und schon merke ich es: Mir tut alles weh. Ich habe Rücken, Kopf, Schulter, Fuß, Knie und Bauch. Ich sitze auf unserem neuen Bett in unserem neuen Schlafzimmer mit Sam im Arm und höre ganz leise meine innere kleine Stimme, die jetzt endlich auch mal zu Wort kommt: »Lucie, hast du eigentlich alle Tassen im Schrank?« Ich hole tief Luft. Ich habe in den letzten drei Wochen eindeutig meinen Akku bis weit über die rote Linie ausgeschöpft. Ich pfeife aus dem letzten Loch. Bin ich wirklich mit einem sechs Monate alten Baby umgezogen und habe so getan, als wäre es das Normalste auf der Welt? Habe ich wirklich so getan, als hätte sich durch Sam nichts geändert? Ganz heimlich antworte ich der leisen Stimme: »Ich weiß, ich weiß, ich weiß …« Und dann sage ich laut zu mir, damit ich es ja nicht so schnell wieder vergesse: »Das hier ist eine Notiz an mich selber: Du hast ein Rad ab, Lucie! Sollte dich jemals jemand fragen, ob es eine gute Idee ist, mit einem sechs Monate alten Kind umzuziehen, sagst du bitte: »Wenn du es nicht musst, LASS ES!!!« Ich wiederhole es dreimal laut. Wenn ich wüsste, in welchem Karton die Stifte sind, würde ich mich zwingen, es 800 Mal aufzuschreiben.

Marc kommt nach Hause und stellt die Tüten mit dem köstlich duftenden Essen auf einen Karton neben mich.

»Die hatten leider kein Palak Paneer mehr. Ich habe dir Butter Chicken mitgebracht«, sagt er beiläufig, während er seine Jacke auszieht. Ich merke, wie mein Kinn anfängt zu zittern und mir die Tränen in die Augen steigen.

»K-K-K-K-Kein Pa-Pa-Palak Paneer?«, frage ich ihn entsetzt. Und bevor Marc antworten kann, breche ich schluchzend zusammen. Ich heule Rotz und Wasser, die Erschöpfung bricht wie eine riesige Welle über Marc und das arme Butter Chicken herein, die beide überhaupt nicht verstehen, was passiert ist.

»Was ist denn los?«, fragt Marc völlig entgeistert.

»I-I-Ich weiß auch nich«, schluchze ich, »ich wollte P-P-Palak P-P-Pa-Paneer … und ich … ich … ich bin so müde …!«

»Aber jetzt sind wir doch hier, und du magst doch Butter Chicken«, redet er auf mich ein, »kann ich was machen?« Marc versteht ja wirklich viel. Und er macht auch alles mit. Aber meine Übersprungshandlungen sind für ihn gefühlsmäßig nicht nachvollziehbar.

»Lucie, was soll ich denn machen?«, fragt er nochmal.

»N-n-nix«, bringe ich hervor, »i-i-ich hab Hunger.«

Mit der Ansage kann er etwas anfangen.

Wie zwei Hühner auf der Stange sitzen wir auf der Bettkante. Als Tisch haben wir eine Umzugskiste vor uns gestellt. Wir schauen beide in den strömenden Regen, essen und hängen unseren Gedanken nach. »There is a crack in everything«, geht mir eine Strophe von Leonard Cohen durch den Kopf, »that's how the light gets in.«

Ja, es sind die Risse, die das Licht reinlassen. Bin ich gespannt, wie es hier in München für uns weitergeht.

21. Mai,
5 ½ Monate

Besuch des alten Ich

»Sag mal, Lucie, hast du am Freitag schon was vor?«, fragt mich meine Freundin Lili aus Köln. »Ich bin in München und wir könnten zusammen zum Bayerischen Fernsehpreis ins Prinzregententheater gehen.«

OMG! Das klingt großartig. Und ich finde auch, dass das der adäquate Einstieg für mich in München ist. Wir sind jetzt seit drei Tagen hier. Die Wohnung war schnell eingerichtet, wir haben ja auch nur das Nötigste mitgenommen. Marc muss noch nicht arbeiten und ich konnte meinen Akku nach dem Palak-Paneer-Desaster gut aufladen. Auf jeden Fall piept er nicht mehr.

Jetzt also Bayerischer Fernsehpreis. Yeah! Es muss auch dringend wieder ein bisschen Glamour in mein Leben. Nach sechs Monaten, die hauptsächlich aus Windeln und Bäuerchen bestanden, ist es wieder Zeit für High Heels und roten Lippenstift. Ich entscheide mich für ein langes rotes Kleid. Wenn ich schon mal ausgehe, dann soll mich auch keiner übersehen!

137

Die Preisverleihung ist unspektakulär, aber ich finde heute alles toll. Mir könnte man auch im Scheinwerferlicht ein Telefonbuch vorlesen und ich wäre glücklich. Danach gibt es noch einen kleinen Umtrunk, aber um Punkt 23 Uhr ist Ende Gelände, wir werden gebeten zu gehen und das Theater wird tatsächlich geschlossen. In Berlin geht's um diese Uhrzeit erst richtig los. Ich schaue Lili besorgt an: »Und nu?«

Das kann doch nicht wahr sein, dass mein erster großer Abend in Freiheit bereits um 23 Uhr vorbei sein soll! Ich fühle mich für einen Moment wieder wie 15, als ich mich mit meinen Freundinnen 3 Stunden tierisch aufgebretzelt habe, um dann eine Stunde lang auf der Party stumm in der Ecke zu stehen. Und spätestens um 22 Uhr wurde man dann sowieso von einem Elternteil wieder abgeholt.

»Keine Sorge, wir gehen jetzt noch auf die Aftershowparty um die Ecke«, beruhigt sie mich. Auf Lili ist Verlass.

Die Aftershowparty findet in einem kleinen Restaurant statt. Wir setzen uns auf eine gepolsterte Bank mit Blick über den ganzen Raum. Ich tanke meine Lebensbatterien auf, während ich mit meinem Champagner in der Hand die Atmosphäre genieße und die Leute beobachte. All diese Menschen sind für mich wie von einem anderen Stern: Sie arbeiten, sie befassen sich mit Dingen wie »Können wir das Meeting verlegen? Dann schaffe ich noch den 21-Uhr-Flug« oder »Die Produktion verschiebt sich noch mal, der Hauptdarsteller dreht noch in Rio.«

Logistisch betrachtet läuft mein Leben gar nicht so anders ab, nur inhaltlich unterscheidet es sich eklatant: Ich überlege auch, ob ich den Einkauf bei dm verschiebe, damit Sam nicht im Kinderwagen, sondern zu Hause schläft. Aber irgendwie klingt das nicht ganz so sexy.

Lili und ich bleiben auf der Bank sitzen, wir quatschen und trinken Champagner. Immer wieder kommen alte Bekannte vorbei: »Lucie, lange nicht mehr gesehen, du bist doch jetzt Mutter, stimmt's?«

»Ja, auch«, lautet meine Antwort. Ich erzähle immer gerne von Sam, aber heute Abend will ich mich über etwas anderes unterhalten. Ich habe gerade außer Umzug (»War gaaanz easy, auch mit Kind«) und den Babythemen im Allgemeinen (»Ja, wir sind jetzt ganz auf Brei umgestiegen, aber mit Ziegenmilch, wegen Allergie und so«) nicht wahnsinnig viel zu bieten. Ich sauge jedes Wort, jeden Tratsch meiner unterschiedlichen Gesprächspartner wie eine intellektuell und sozial Dehydrierte begierig auf. Ich fühle mich wie ein Zaungast in meiner alten Welt, während ich mir einen Champagner nach dem anderen genehmige. Ganz leise, durch das Sprudeln des Champagners fast nicht zu hören, fragt eine Stimme tief in mir drinnen: »Hmm, ist das hier überhaupt noch meine Welt?« Aber ich überhöre sie einfach und genieße diesen Ausflug in mein altes Leben.

Um ein Uhr morgens haben Lili und ich Hunger und zum Glück gibt es als Snack noch Spaghetti Bolognese. Offenbar hat mich Sam mit seinen Tischmanieren infiziert. Ein großer Löffel rutscht mir aus der Hand und die Spaghetti mit der schön fettigen Soße machen einen noch schöneren, großen Fleck auf mein Abendkleid. Na toll, Lucie, du bist erst seit sechs Monaten Mutter und schon kann man dich nicht mehr unter die Leute lassen. Außer Lili, die sich schlapplacht, haben es die meisten gar nicht mitbekommen. Der Champagner ist schon so reichlich geflossen, dass die meisten zu sehr damit beschäftigt sind, sich an ihrem Glas festzuhalten.

Wenn ich zwischendrin einen toten Punkt hatte, dann habe ich ihn gekonnt ignoriert. Um drei Uhr löst sich die Veranstaltung langsam auf. Aber ich will immer noch nicht nach Hause. Es darf einfach noch nicht zu Ende sein. Ich hatte noch nicht genug! Lili schaut mich an: »Wollen wir noch bei mir im Hotel was trinken?« »Ja!«, rufe ich wie ein Teenager, der zum ersten Mal in die weite Welt gelassen wird.

Wir liegen in unseren Abendkleidern bei ihr auf dem Hotelbett und bedienen uns mit Gin Tonic und Gummibärchen aus der Minibar. Wir reden über unser Leben, über vergangene Zeiten und über unsere Zukunftspläne, während wir eine Packung Zigaretten rauchen und draußen die aufgehende Sonne langsam die Nacht vertreibt.

Um fünf Uhr sind wir beide leergequatscht und auch ich sehe ein, dass der Abend vorbei ist. Ich rufe mir ein Taxi und lasse mich durch das noch menschenleere München fahren. So verschlafen habe ich mein neues Zuhause noch nie gesehen.

Leise schleiche ich mich in die Wohnung. Im Flur sehe ich mich im Spiegel und unterdrücke ein Lachen. Was für ein Anblick: Zerzauste Haare, verschmierter Mascara, Lippenstiftreste und der Bolognese-Fleck auf meinem Kleid. Ich meine sogar, die Rauchwolke der Packung Zigaretten erkennen zu können. Ich will mir noch schnell ein Glas Wasser holen, bevor ich ins Bett falle. Marc steht gerade mit Sam in der Küche und macht ihm sein Morgenfläschchen. Die Diskrepanz könnte nicht größer sein: ein sauberer, noch leicht verschlafener Papa mit einem zart duftenden, quietschenden Baby auf dem Arm und daneben ich, eine durchzechte, nach Rauch stinkende Mama.

»Na, der Abend scheint ja erfolgreich gewesen zu sein«, stellt Marc schmunzelnd fest. Ich nicke glücklich.

Nach einem großen Glas Wasser, einer prophylaktischen Kopfschmerztablette und einer langen heißen Dusche liege ich endlich im Bett. Marc bespaßt Sam und ich darf noch eine Runde schlafen. Ich falle innerhalb einer Nanosekunde in Tiefschlaf.

Den Rest des Tages leide ich natürlich wie irre. Jede noch so kleine Schlafphase von Sam nehme ich mit. Und um ehrlich zu sein, der Kater scheint mich die ganze darauffolgende Woche zu begleiten. Aber es hat sich gelohnt. Ich habe meine Party-Lucie gefüttert. Die sitzt jetzt mit dickem Bauch da, lächelt und lässt meine anderen Persönlichkeitsanteile in Ruhe zu dm gehen, Breichen anrühren, Windeln wechseln und Runden im Park drehen.

14. Juni,
6 ½ Monate

Gesaugt wird immer

In einer neuen Stadt muss man sich ja nicht nur an neue Wege gewöhnen, sondern auch an neue Geräusche und ungewohnte Straßenbilder. In den ersten Tagen in München verfolgte mich ein Geräusch, das sich wie eine Mischung aus Föhn und Staubsauger anhörte. Ich konnte es weder richtig zuordnen noch genau lokalisieren. Kam es aus der Wohnung über uns? Aus der neben uns? Oder von nebenan? Aber wer föhnt sich so oft die Haare? Oder wer staubsaugt ständig?

Jetzt habe ich es rausgefunden: Es ist ein Laubpuster! Diejenigen, die einen Garten besitzen, kennen vielleicht diese Geräte, die einen an die Ghostbusters erinnern. Aber ich habe sowas im Leben noch nicht gesehen oder gehört. Als ich Raffaella davon erzähle, sagt sie nur trocken: »Lucie, natürlich gibt es die auch in Berlin. Bei uns in Kreuzberg bevölkern die im Herbst regelmäßig die Straßen. Nur du wohnst in dieser Steinwüste Mitte, da gibt es keine Bäume und darum auch keine Laubpuster!«

Stimmt. Bei uns in Mitte wird vielleicht mal gefegt, aber ansonsten wartet man hier lieber, bis der Schnee fällt und das Blätterproblem bedeckt. Wenn im März dann der Schnee langsam taut, erscheint ein buntes, nein, graues Potpourri aus Blättern, Hundekacke und Silvesterböllern. Erst dann lohnt es sich, die Straßenputzfahrzeuge oder Bürgersteigfeger oder wie man die nennt, zum Einsatz zu bringen.

In meiner neuen Münchner Nachbarschaft hingegen löst sich ein Blatt vom Ast und während es langsam Richtung Straßenpflaster segelt, steht bereits ein Mitarbeiter der Stadt mit seinem Laubdingsbums parat, bevor es den Boden berührt. Hallo?? Wir haben jetzt Anfang Juli und es fällt praktisch kein Blatt vom Baum. Wie wird das nur im Herbst werden? Wahrscheinlich ist der Bürgersteig dann voller Männer, alle bewaffnet mit einem Laubpuster, die um jedes einzelne Blatt kämpfen. Kommt man dann da mit Kinderwagen überhaupt noch durch?

Münchens Straßen sind wirklich die saubersten. Ich hätte kein Problem damit, wenn Sam auf dem Bürgersteig krabbeln lernen würde. Der ist wahrscheinlich hygienischer als unser Küchenfußboden.

Aber nicht nur die Gehwege sind so sauber, dass ich bei der Stadt München am liebsten einen Putzkurs belegen möchte, auch die Menschen wirken wie aus dem Ei gepellt. Bei meinen morgendlichen Spaziergängen im Park joggt immer eine Frau an mir vorbei: Mitte dreißig, blondes, glänzend glattes Haar, das perfekt in einem Pferdeschwanz zusammengehalten wird, und ein Porzellangesicht, das feenhaft mit einem leichten Tages-Make-up geschminkt ist. Aber vor allem eins ist verdächtig: Es ist kein Tropfen Schweiß zu sehen! Wie geht das? Sie joggt mehrere Runden an mir vorbei und auch bei der fünften Runde sieht ihr Gesicht immer noch frisch gepudert aus und ihr schwarzes, hautenges, sexy Jogging-Outfit verströmt einen betörenden Duft von frischgewaschener Wäsche.

Ich finde das frech. Ich schiebe hier tapfer meinen Kinderwagen vor mir her und gerate schon allein dadurch ins Schwitzen. Meine Schminke ist noch von gestern und ich verströme eher einen säuerlichen Geruch von Pastinake und aufgestoßener Milch. Ich bemühe mich redlich, nicht zu verlottern, aber kaum gebe ich mir mal Mühe und schminke mich, dann wischt mir Sam einmal mit seiner versabberten Hand durchs Gesicht und reibt mir den Lippenstift quer über die Wange. Saubere Blusen werden bespuckt, vollgeschmiert oder angenuckelt.

Ich beschwere mich am Telefon bei meiner Freundin Raffaella über diese Joggerin: »Die ist echt ein laufender Affront und kann mir den ganzen Tag versauen, wenn die so am frühen Morgen an mir vorbeijoggt.« Raffaella versucht mich zu trösten: »Die ist bestimmt noch nicht Mutter!« »Doch, ich habe sie gestern Nachmittag auch noch mit einem Kinderwagen und einem entzückenden kleinen Mädchen auf dem Spielplatz gesehen.« »Dann muss sie das Kindermädchen sein«, mutmaßt Raffaella. Stimmt, denke ich, da bin ich gar nicht drauf gekommen.

Heute Nachmittag sitze ich mit Sam wieder auf dem Spielplatz. Und während er seine dritte Hand Sand isst, döse ich auf der

Bank. Und da erscheint sie wieder, das blonde, frisch geduschte Wunder. In einem makellosen Outfit einen sauberen Kinderwagen vor sich herschiebend, setzt sie sich schließlich neben mich auf die Bank. Ein zarter Hauch von Parfum, frisch gewaschener Wäsche und teuren Haarpflegeprodukten weht mir entgegen. Ich komme mir so siffig vor. »Tja«, tröste ich mich mit dem Gedanken, »als Kindermädchen hat man halt Zeit für Haarpackungen.« »Mamaaaa«, ertönt es da aus dem Kinderwagen und das entzückende kleine, ebenfalls saubere und wohlduftende Mädchen steckt seinen blonden Shirley-Temple-Lockenkopf aus dem Wagen. »Hier ist die Mama«, antwortet Miss Munich neben mir mit glockenklarer Stimme und nimmt den kleinen Rauschgoldengel aus dem Wagen. Ich könnte kotzen. Mir trieft der Neid nur so aus den Ohren raus. Genauso hatte ich mich als Mutter gesehen: das Leben, meine Kleidung und meine Haare im Griff und in Begleitung eines zauberhaften, sauberen, kleinen Mädchens!

Aber anstatt mich mit den Worten zu beruhigen: »Lucie, atmen. So ist das Leben!«, drehe ich mich zur Seite und rufe umgehend Raffaella an: »Sie ist nicht das Kindermädchen, sie ist die MUTTER!«, fauche ich ins Telefon und lasse meinem ganzen Neid freien Lauf. Ich höre Raffaella am anderen Ende der Leitung schnauben: »Dann tritt ihr gegen das Schienbein. Oder stoß sie von der Schaukel.«

Das ist zwar eine top Idee und auf meine Freundin Raffaella ist in Krisensituationen einfach Verlass, aber es löst leider nur kurzfristig mein Dilemma. Ich habe mir mit dem Umzug und meiner Partynacht Zeit verschafft, damit ich mich nicht sofort mit der Frage beschäftigen muss: Wer ist denn diese Lucie mit Kind? Was will die eigentlich jetzt? Und will sie noch dasselbe wie früher? Die Liste der Fragen taucht vor meinem inneren Auge auf, sie scheint immer länger zu werden und mir wird noch übler. Können wir nicht schnell noch mal umziehen? Oder kann ich nicht noch für jemand anderen einen Umzug organisieren? Dann muss ich mich wenigstens nicht mit diesen quälenden Gedanken beschäftigen. Zum Glück fällt Sam in diesem Moment hin und landet mit dem Gesicht im Sand. Er weint und sieht aus wie ein paniertes Schnitzel. Jetzt muss ich mich erst einmal um ihn kümmern. Und dann schaue ich mir den Fragenkatalog nochmal in Ruhe an. Vielleicht. Eventuell. Unter Umständen. Später. Mal sehen.

12. Juli,
7 ½ Monate

Aber für Afrika spenden

Heute ist der erste Tag seit einer gefühlten Ewigkeit, an dem es nicht regnet. Als ich vor ein paar Monaten meinem Freundeskreis eröffnete, dass wir im Mai nach München ziehen würden, wurde mir von allen Seiten das Blaue vom Himmel versprochen: »Lucie, das ist der BESTE Zeitpunkt überhaupt. Wirklich. In Berlin ist es zu der Zeit ja oft noch kühl, aber München liegt ja quasi in Italien. Du wirst Prosecco trinkend im Sommerkleid in der Sonne dein Kind schaukeln.« Herrliche Aussichten.

Wir sind jetzt seit knapp acht Wochen hier und es regnet nonstop. Aber nicht irgendwie ein bisschen Regen und dann mal Sonne, nein, es schüttet quasi unaufhörlich! Unsere Wohnung in Schwabing hat eine große Fensterfront, durch die kann ich die Endlosigkeit der Wassermassen besonders gut beobachten. Marc verlässt jeden Morgen um neun Uhr das Haus, und ich bin mit Sam allein – eingesperrt, wie Rapunzel, bloß mit Kind und kürzeren Haaren. Ein wahrgewordener Alptraum.

Seit ich Mutter bin, habe ich sowieso immer häufiger das Gefühl, dass ich in einem Ghetto lebe. Im Mutterghetto. Ich suche nur noch Orte auf, die ich auch mit Kinderwagen erreichen und vor allem betreten kann, den Takt meines Alltags bestimmen Sams Essens- und Schlafenszeiten und meine Müdigkeit, und die größte Ablenkung sind die Windeleinkäufe. Da braucht man Freunde, die im gleichen Ghetto leben. Sonst geht man ein. Leider kenne ich niemanden in München, dem es genauso geht. Die meisten meiner Bekannten hier haben entweder schon Kinder im Schulalter oder sind gerade erst schwanger. Sie sind also keine Vertreter meiner Zielgruppe.

»Ich weiß, du findest Pekip etc. Horror, aber vielleicht wäre es eine Möglichkeit, ein paar neue Leute kennenzulernen«, schlägt Marc vor. Wahrscheinlich hat er Recht, auch wenn ich keine große Lust dazu habe.

Aber heute geht's erst mal in den Englischen Garten, die ersten Sonnenstrahlen genießen. Und vielleicht treffe ich da ja andere Mütter, wer weiß?

Mit Decke und Picknickkorb bewaffnet, mache ich mich auf den Weg. Bei Sonne ist München tatsächlich herrlich. Sam schläft im Schatten, während ich auf der Decke sitze, Kaffee trinke und lese. Okay, so lässt es sich leben. Und es kommt noch besser: Keine 100 Meter von mir entfernt lässt sich eine Gruppe von Müttern nieder. Fünf Frauen mit ungefähr sieben Kindern im Alter von null bis drei packen ihre Picknickkörbe aus. Meine Laune steigt. Wenn das jetzt so weitergeht, dann verzeihe ich München auch den wochenlangen Regen.

Sam wacht auf und kuschelt sich in meine Arme. Ich beobachte aus dem Augenwinkel sehnsüchtig die miteinander plaudernden Mütter. Sie sind alle ungefähr in meinem Alter und sehen total nett aus. Nicht zu trutschig, aber auch nicht zu sehr die Münchner Gucci-Abteilung. Das sind also meine neuen Freundinnen, denke ich. Ich sehe uns schon zusammen den Sommer verbringen: Picknick, abends auch mal ohne Kinder ausgehen, shoppen usw.

Was für eine Erleichterung, ich bin endlich angekommen. Sam ist jetzt richtig wach und will zu den anderen Kindern krabbeln. Ich helfe nach und schiebe ihn ein Stück des Weges, damit es schneller geht. Ich habe Schmetterlinge im Bauch, als Sam eine der Mütter erreicht und sich an ihr hochzieht. Sie dreht sich um und sieht ihn etwas skeptisch an. Ich komme lachend dazu.

»Sorry, der kleine Mann ist etwas stürmisch«, ich knie mich neben Sam und nehme ihn auf den Schoß.

»Ich bin Lucie, hi, wir sind gerade erst aus Berlin hierher nach München gezogen.« Eine unheimliche Stille, um nicht zu sagen Eiseskälte, schlägt mir entgegen. Hat sie mich nicht verstanden? Spricht sie gar kein Deutsch? Habe ich was Falsches gesagt?

Zweiter Anlauf: »Ja, also wie gesagt, ich bin neu in München. Und versuche mich noch zurechtzufinden. Habt ihr vielleicht ein paar Tipps für mich und Sam? Spielgruppen oder Kinder-cafés oder so?«

Alle Mitglieder dieser Picknickgruppe sehen mich an, als ob ich sie gefragt hätte, wo der nächste Swinger-Club ist.

Ich fühle mich wie auf einem Kamel in der Wüste: Nach wochenlanger Durchquerung der Sahara sehe ich endlich die Oase vor mir. Aber als ich sie fast erreicht habe, entdecke ich, dass es nur eine Fata Morgana ist. Die schönen Palmen und die kühle Wasserquelle lösen sich in Luft auf.

Sam robbt von meinem Schoß auf die Reiswaffeln zu, die auf der Decke liegen. Eine der Frauen zieht die Waffeln weg. Ich bin zu geschockt, um zu reagieren. Ich verstehe die Welt nicht mehr.

»Keine Ahnung«, sagt die eine jetzt tonlos, »müssen Sie halt mal googeln.«

Bitte was? GOOGELN? Und dann siezt sie mich auch noch? Ich liebe die deutsche Sprache. Diese herrliche Distanz, die ein Sie in Sekundenschnelle erzeugen kann. Man erspart sich die Ohrfeige. Keine Einladung wie: »Setz dich doch zu uns.« Oder so was in der Art. Dafür eine öffentliche Erniedrigung mit ausreichender Publikumsbeteiligung.

Ich nicke, schnappe mir Sam und schleiche gedemütigt zurück zu unserer Decke. Ich fühle mich wie ein geprügelter Hund oder wie damals als Zwölfjährige, als ich auf dem Schulhof nicht bei den coolen Mädchen stehen durfte, weil die schon dreizehn waren.

Hastig packe ich unsere Sachen zusammen. Innerlich koche ich vor Wut. Marc kommt zum Glück an diesem Tag früh nach Hause und findet mich total aufgelöst auf dem Balkon. Sam spielt, ich rauche: »Das kannst du dir nicht vorstellen«, heule ich, »abgefertigt haben mich diese doofen Schicksen.« Ich zünde mir die nächste Zigarette an. »Die spenden bestimmt alle schön für Afrika – Exportnächstenliebe –, und Zugezogenen gegenüber benehmen die sich wie die letzten Ärsche.« Marc schenkt mir ein Glas Wein ein, das ich fast in einem Zug austrinke.

»Und mir dummen Kuh ist nichts eingefallen. Ich bin stumm wie ein Fisch abgezogen. Hätte ich denen doch wenigstens noch was um die Ohren gehauen, wie … keine Ahnung … ›Deine Reiswaffeln sind übrigens bei Stiftung Warentest durchgefallen‹, oder … oder …« Marc ist eine große Hilfe, er gibt mir einen Kuss auf die Nase, schenkt Wein nach und bemitleidet mich.

Ich bin so wütend. Mittlerweile allerdings auf mich und meine verpassten Retourkutschen. Ich rufe Lili an und berichte beim zweiten Glas Wein und der dritten Zigarette haarklein von meiner Schmach. Sie ist entsetzt und wir lästern uns gemeinsam die Köpfe heiß.

Danach rufe ich Raffaella an und erzähle es beim dritten Glas Wein und keine Ahnung welcher Zigarette noch mal. Raffaella ist natürlich auch auf meiner Seite: »So was wäre dir in Berlin NIE passiert. Da findet man vielleicht keinen Picknickplatz im Tiergarten, weil wieder acht türkische Großfamilien drei

Lämmer grillen, aber man geht immer mit neuen Freunden nach Hause.«

Als Nächstes rufe ich Hilly an, die völlig erschüttert ist: »Boah, sind Mütter fies! Bin ich froh, dass ich keine bin!«

Beim fünften Glas habe ich mittlerweile meine Mutter am Rohr und versuche, ohne zu lallen oder mich am Feuerzeug zu verbrennen, von meinem desaströsen Nachmittag zu erzählen.

Nachdem ich mich in vier verschiedenen Versionen ausgekotzt habe und die Weinflasche fast leer ist, geht es mir schon viel besser. Ich liege auf dem Balkon in der Abendsonne, rauche meine letzte Zigarette und genehmige mir den letzten Schluck aus meinem Glas. Wie sagte mein Maskenbildner aus Köln immer: »Liebelein, et kütt, wie et kütt.« Ich atme tief ein und wieder aus … et kütt, schon was Neues.

Und es waren NUR fünf bescheuerte Weiber, denen ich nicht die Erlaubnis erteile, Stellvertreterinnen für eine ganze Stadt und ihre Bewohner zu sein. Bisher ist meine weibliche Ausbeute eher mager gewesen, eine Traummutterjoggerin und diese fünf Bundeslandrassistinnen.

Mal sehen, was mich sonst noch erwartet.

Schwestern im Geiste

So ganze Tage allein mit Kind können sehr, sehr, sehr lang sein. Angeblich soll ja Langeweile die Kreativität fördern. Ich kann das nicht bestätigen. Ich fühle mich eher wie Tom Hanks in *Verschollen*. Sam antwortet auf meine Fragen ebenso ausführlich wie Hanks Fußball Freitag. Allerdings habe ich eine quasi empirische Studie darüber erstellt, dass Selbstgespräche eine vollkommen unterschätzte Kommunikationsform sind.

Ich sehe auf die Küchenuhr und könnte schwören, dass der Zeiger auf der Uhr mich verarschen will. Ich fange an, mit ihm zu streiten: »Bist du festgeklebt, du bescheuerter Zeiger?« Er bewegt sich einfach nicht, nicht einen Millimeter. Ich stelle mich auf den Küchenhocker, nehme die Uhr herunter und rede auf sie ein: »Bestimmt sind deine Batterien leer, du blöde Uhr.« Als Antwort erhalte ich ein so lautes Ticken, dass ich fast taub davon werde. Anscheinend klebt der Zeiger also doch nicht fest.

Ich wünschte, ich hätte ein Mathematiker-Gen in mir. Ich bin mir sicher, dann könnte ich jetzt eine ganz neue Formel für Zeit entwickeln. Zeit ist nicht nur ein Ablauf von genauen Einheiten wie Minuten und Sekunden, sondern sie hat auch Tausende von Zusatzparametern und Variablen, die man nicht außer Acht lassen darf: Augenringe, Hunger, Schlafeinheiten, volle Windeln, frische Wäsche usw.

Das beste Rezept in Momenten der vollkommenen, trostlosen Langeweile ist, vor die Tür zu gehen. Sobald ich irgendwo draußen sitze und Sam ein bisschen herumkrabbeln kann, sind wir beide glücklich. Im Park gibt es ein kleines Café. Es hat einen kleinen Garten mit Hollywoodschaukeln und süßen Tischen. Wenn die Sonne öfter scheinen würde, dann würde ich da einfach den ganzen Tag verbringen. Aber obwohl Juli ja als DER Sonnenmonat bezeichnet wird, regnet es die meiste Zeit und es ist fies kalt.

Aber ich trotze der Sommerkälte und sitze auch heute da. Es ist neun Uhr morgens. Das Café macht leider erst um halb zehn auf. Ich sitze auf einer Hollywoodschaukel. Sam habe ich einfach so dick eingepackt, dass er trotz der Kälte herumkrabbeln kann. Ich schaukle, denke voller Sehnsucht an Berlin und an Raffaella und Hilly. Ich hätte nie gedacht, dass es MIR, der Hippie-Großmeisterin des Umzugs, so schwerfallen würde, hier Fuß zu fassen. Aber mit Kind umzuziehen ist eben auch etwas anderes. Ohne Kind wäre ich jetzt einfach ein paarmal zum Yoga gegangen oder abends in eine Bar, und dann hätte ich bestimmt Leute kennengelernt. Ich würde ja sogar noch mal zu einem Pekip-Kurs gehen, aber sämtliche Kurse sind bis in alle Ewigkeit ausgebucht. Ich stehe schon auf allen Wartelisten dieser Stadt.

Eine Frau kommt mit ihrem Fahrrad in den Café-Garten gefahren. Sie hat ein kleines Baby bei sich, das im Fahrradanhänger sitzt. Sie grüßt mich. Ich starre sie wie versteinert an und erwidere schockiert den Gruß. Seit meiner Abfuhr im Park bin ich bei meinen sozialen Kontakten viel zurückhaltender geworden. Die Frau nimmt eine große blaue Mülltüte aus dem Anhänger, reißt sie auf und breitet sie auf dem Rasen aus. »I hoab die Decken vergessen und der Somma is jao echt beschiessen«, sagt sie lachend in meine Richtung und legt ihre Kleine auf den Müllsack. Ah! DIE gefällt mir!

Ich lache: »Ja, das kannst du laut sagen. Mir wurde ein herrlicher Münchner Sommer versprochen!«

Wir quatschen gleich los (ich muss mich wahnsinnig konzentrieren, um Monis Münchnerisch zu verstehen), warum ich hier bin und nicht in Berlin, was ich so von München halte. »Es kimmen gleich no ein poar andere Mütta, ma kenne uns vom Geburtsvorbereitungskurs.« Na, da bin ich ja mal gespannt. In diesem Moment kommt eine von ihnen durch das kleine Tor des Gartencafés gelaufen. Sie hat lange schwarze Haare und schiebt den gleichen Kinderwagen wie ich, nur in Blau. »Verfluchte Scheiße!«, schimpft sie sofort drauflos und manövriert den Kinderwagen über den nassen Rasen in unsere Richtung.

»Mir ist schon wieder diese blonde, perfekt geschminkte, joggende Mutter begegnet. Die kann einem aber auch den ganzen Tag versauen.«

Ich habe fast Tränen in den Augen, als sie das sagt. Endlich eine Gleichgesinnte! Am liebsten würde ich aufspringen und sie knutschen. Sie hat keine Ahnung, wie glücklich sie mich gerade mit ihrem Spruch gemacht hat. »Die wird meine neue beste Freundin!«, denke ich wild entschlossen, »ob sie will oder nicht!«

6. August,
8 Monate

Ich habe den Längeren

»Du, Lucie«, fragt mich meine neue beste Freundin Helen, »am Freitagnachmittag kommt eine alte Bekannte mit ihrer Tochter zu Besuch. Die ist ein bisschen älter als unsere Mäuse. Kannst du bitte auch kommen? Sylvie, die Mutter, ist ein bisschen anstrengend, ich glaube, einen ganzen Nachmittag halte ich die alleine nicht aus.«

Helen und ich haben uns kennengelernt und wurden innerhalb von wenigen Tagen zu siamesischen Zwillingen, also im Geiste. Wir sitzen im selben Boot. Ich muss an das Buch *Schiffbruch mit Tiger* denken. Wir haben beide voll gearbeitet, bevor wir schwanger wurden, sind dann beide auf diesen großen Dampfer namens »Mutterschaft« gestiegen und hatten keine Ahnung, wo er hinfährt. Und jetzt sitzen wir gemeinsam in einem winzigen Beiboot und versuchen mit vereinten Kräften, Platz darin zu finden (ohne das mit dem Aufessen). Denn zu zweit Boot fahren geht um einiges besser.

Helen kommt nicht nur aus meiner Branche (Kostümbildnerin), sondern wohnt auch noch im Haus schräg gegenüber von uns. Ihre Tochter Philippa ist zwar drei Monate jünger als Sam, aber ein ähnliches Kaliber. Wenn die beiden zusammen auf der Spieldecke sitzen, dann hauen sie sich abwechselnd vier bis sechs Mal Spielzeug auf den Kopf (ohne zu heulen) und dann spielen sie für sich alleine weiter. Kein Gezeter – weder von den Kindern noch von den Müttern: »Dein Kind hat meins GESCHLAGEN!! Ich habe es genau gesehen.«

Helen und ich verbringen fast jeden Tag zusammen. Wie Teenager. Schon frühmorgens rufen wir uns an: »Wie war die Nacht?«, lautet die erste Frage. Entweder bemitleiden wir uns dann eine Runde am Telefon (Mitleid und eine Runde heulen tut wahnsinnig gut, wenn man vor Müdigkeit schielt), oder wir verabreden uns zum Spazierengehen, Kaffee trinken oder gehen gemeinsam zu dm. Zusammen ist einfach alles so viel leichter zu ertragen. Und man kann sich zu zweit noch mehr darüber freuen, wenn eines der Kinder mal wieder so verflucht süß ist, dass man allen Stress und die Schlaflosigkeit darüber vergisst.

Wenn wir beide einen schlechten Tag haben, dann setzen wir die Kinder auf die Spieldecke, Helen kocht Kürbissuppe und wir schauen eine Folge *Mad Men* nach der anderen, bis die Kinder irgendwann auf ihrem Spielzeug eingeschlafen sind. Mein Leben mit meiner neuen besten Freundin hat wieder einen Sinn.

Am Freitagnachmittag sitzen wir also zusammen bei Helen auf dem Sofa, die Kinder auf ihrem Stammplatz auf der Spieldecke.

Silvie ist mit Haut und Haaren Mutter. Bei ihr gibt es tatsächlich nur ein Thema: Kinder. Vor allem ihr eigenes. Noch lieber aber ist ihr: ihr eigenes Kind im Vergleich zu anderen.

»Sag mal, der Sam bewegt sich ja nicht so viel«, sagt sie, nachdem sie meinen Sohn eingehend studiert hat, der heute zum Glück mal still auf der Spieldecke sitzt und an einem Traktor lutscht.

»Wie alt ist der jetzt?«

»Elf Monate«, antworte ich.

»Aha«, raunt sie vielsagend. Was soll das denn bedeuten? Nicht drauf eingehen, Lucie, beschwichtige ich mich. Wir schweigen uns an, während Helen in der Küche Kaffee kocht. Aber Silvie hält die Stille keine Minute lang aus:

»Also, ich will ja nichts sagen, aber meine Luisa ist jetzt 13 Monate alt und in dem Alter war sie wesentlich agiler. Sie konnte fast schon laufen.«

Nicht provozieren lassen, Lucie, flüstere ich mir zu und zwinge mich zu einem lapidaren »Aha«.

»Was sagt denn der Kinderarzt?«, hakt sie weiter nach.

»Der sagt, dass mit Sam alles prima ist. ›Proper und fit‹, sagt er immer.«

»Na, proper ist er auf jeden Fall. Da musst du echt aufpassen. Also, meine Luisa …«, will sie gerade ansetzen, aber zum Glück kommt Helen mit dem Kaffee. Also, mal ehrlich, was ist denn ein Baby ohne Babyspeck?

Aber auch mit Kaffee in der Hand lässt Silvie nicht locker. Nur hat sie jetzt Helen beziehungsweise ihre Tochter Philippa auf dem Kieker: »Philippa sieht aber ein bisschen schmal aus und vor allem so tonuslos. Die hängt da ja wie ein nasser Waschlappen. Warst du schon mal bei der Physio mit ihr?«

Helen verdreht die Augen und signalisiert mir hinter Silvies Rücken: »Das ist, was ich meinte.« Philippa rollt sich gerade auf dem Bauch hin und her und quietscht vor Vergnügen. Von Problemen mit ihrer Körperhaltung oder Muskulatur weit und breit nichts zu sehen. Von wegen tonuslos. Luisa, Silvies Wunderkind, läuft wie ein hospitalisierender Panther vor dem Bücherregal auf und ab und sabbert vor sich hin.

»Prima, Luisa!«, spornt Silvie sie an. »Üben, üben, üben!«

Sie nimmt ein Spucktuch und geht zu Luisa, um ihr den Sabber abzuwischen: »Die arme Maus bekommt Zähne.«

Oh Gott, hier haben wir also eine klassische Schlittschuhmama. Es wird unermüdlich mit den Kindern geübt, damit sie auch bloß gewinnen! Wobei auch immer.

Sam quietscht plötzlich völlig grundlos und reißt vor Vergnügen den Mund weit auf. »Der hat ja schon zwei Zähne!«, entfährt es Silvie.

Das stimmt! Sam hat unten zwei Schneidezähne und sieht damit aus wie ein umgedrehter Hase. Ist das jetzt ein Pluspunkt für mich?

»Seit wann hat er die denn?«, fragt sie und man merkt ihr an, dass ihr das alles gar nicht passt.

»Och«, antworte ich betont gelassen und sehe, wie Helen sich ein Lachen verkneift, »mit fünf Monaten hat er die bekommen.«

Das ist natürlich total gelogen. Erstens war er schon acht Monate alt und zweitens tut sich seitdem auch nichts mehr an der Zahnfront.

»Hmm, hm, hm«, sagt Silvie, sie scheint das wirklich sehr zu beschäftigen.

Das kann doch nicht wahr sein! Hier geht es nicht um ein Harvard-Stipendium, sondern um Milchzähne! Aber jetzt bin ich auch angefixt und kann auf keinen Fall einen Rückzieher machen. Das war leider bei mir schon immer so. Ich bin mit einem Wettkämpfer-Gen geboren worden. Ich kann dann einfach auch nicht anders.

»Die musst du aber immer gut putzen!«, fügt Silvie hinzu.

»Na klar, die werden jeden Abend ausgiebig geschrubbt!«, ist meine frei erfundene Antwort. Ganz ehrlich: Ich hatte gar nicht auf dem Schirm, dass man diese kleinen Zähnchen da putzen sollte. Da hat Silvie wahrscheinlich sogar Recht.

»Ja, aber auch morgens!«, belehrt sie mich.

»Unbedingt«, ist meine Antwort.

Helen hat sich mit dem Rücken zu uns gedreht und hängt kopfüber im Spielzeugkorb. Ihre Schultern zucken vor Lachen. Silvie denkt fieberhaft nach. Sie scheint nach irgendetwas zu suchen, womit sie mich übertrumpfen kann. Ich sitze betont relaxed auf dem Sofa und bin gespannt, mit was sie als Nächstes kommt.

»Trinkt der Sam abends noch Milch?«, fragt sie mich scheinbar beiläufig, aber ich ahne, dass mehr dahintersteckt.

»Ja, klar«, antworte ich.

»Zum Einschlafen?«, setzt sie gleich nach.

Was soll denn die Frage? Die will mich doch aufs Glatteis führen.

»Wieso?«, frage ich und wir starren uns an wie Gary Cooper und der andere Cowboy in *High Noon*. Helen hält die Luft an, Silvie atmet schwer, sie will ihren Trumpf nicht sofort aus der Tasche ziehen.

»Sag mal!«, wirft sie mir provozierend zu. Unsere Augen sind schmal wie bei kampfbereiten Katzen.

»Wieso?«, wiederhole ich schneidend und spanne den Colt. Sie kann nicht mehr an sich halten und es platzt aus ihr heraus: »Dann fallen ihm die Zähne aus, wenn der zum Einschlafen noch eine Milch trinkt und du ihm nicht die Zähne DANACH putzt! Wegen des Milchzuckers!«

»Ach so«, winke ich betont lässig ab und lüge, dass sich die Balken biegen, »natürlich putze ich ihm IMMER danach noch die zwei Zähne.«

Silvie ist enttäuscht. Nicht nur, dass ihre Luisa erst mit 13 Monaten zahnt, nein, sie konnte mir noch nicht mal eins auswischen.

Ich putze Sam natürlich nicht die Zähne nach seiner Milch. Wir haben ja gar keine Zahnbürste für ihn und außerdem bin ich heilfroh, wenn er beim Trinken einschläft. Abends bin ich so fertig, dass es mir auch wirklich egal ist. Ich will nur, dass er schläft. Ich würde auch auf einem Bein hüpfen, auf den Händen durch die Wohnung laufen oder sonst was veranstalten, um abends endlich meine Ruhe zu haben.

Warum ist das hier eigentlich so ein seltsamer Konkurrenzkampf? Man könnte sich das Leben mit Baby ja auch einfacher machen, indem man sich gegenseitig hilft. Zum Beispiel könnte man sagen: »Hi, schon mal daran gedacht, dass auch zwei Zähne geputzt werden müssen? Nee? Macht nix, ich schenke dir einfach diese Zahnbürste! Ich habe immer eine dabei.«

Das wäre doch wirklich unterstützend.

Oder man könnte sagen: »Ja, ich weiß, abends sind wir doch alle immer einfach nur froh, wenn das Kind schläft. Egal ob mit Flasche im Mund oder nicht. Und klar, Milchzucker ist nicht so irre gut für die Zähne, aber Fanta wäre schlimmer!«

So was wäre nett. Oder man hält einfach komplett die Klappe. Aber stattdessen ist hier Olympia angesagt – ohne Fairplay. Und ich bin so doof und mache auch noch mit. Was ist da los? Liegt es daran, dass die Kinder plötzlich zu sehr im Fokus stehen? Fehlt der Austausch im Job mit anderen Erwachsenen, die dann doch ein stärkeres Regulativ darstellen als kleine Kinder?

Silvie muss leider schon bald wieder aufbrechen.

»Wir müssen noch zur musikalischen Früherziehung«, lächelt sie erhaben.

Helen und ich sitzen endlich wieder alleine auf der Couch. »Wo hast du die denn her?«, frage ich Helen.

Helen winkt ab: »Prosecco?«

»Bitte!«

Den haben wir uns beide wirklich verdient.

Luftmatratzenzweisamkeit

Raffaella ist zu Besuch. Sie hatte am Montag einen Termin in München und hat noch zwei Nächte drangehängt. Es ist herrlich. Am Abend kocht Marc und wir sitzen an unserem großen Tisch (das einzig Große an unserer Wohnung) und quatschen. Sam schläft und es fühlt sich ein bisschen an wie in alten, kinderlosen Zeiten. Außer dass wir alle nach einem Glas Wein todmüde sind und im Kanon gähnen.

»Puh, ich kann nicht mehr«, sagt Raffaella, »ich glaube, ich muss in die Falle.«

Wir nicken.

»Aber sagt mal, warum schlafe ich nicht bei Sam und ihr hier im Wohnzimmer? Dann könnt ihr mal Sex ohne Unterbrechung haben und danach sogar ein paar Stunden am Stück schlafen.«

Marc und ich sehen uns verdutzt an. Aber genau genommen ist das ein sensationelles Angebot! Meint sie das im Ernst?

Wenn wir früher nach dem Lustprinzip gegangen sind, dann richten wir uns heute nach dem Zeitplan unseres Sohnes. Nur leider entwickelt meine Lust bei Stundenplänen gerne hartnäckige Renitenz. Sie bleibt einfach aus, wenn Sam schläft. Oder eben anders herum. Und ganz oft denke ich dann: »Oh Gott, nur noch fünf Stunden und dann wird Sam schon wach … Sorry, aber ich muss Prioritäten setzen. Gute Nacht!«

Wir schlagen also ein und Raffaella geht zu Sam ins Schlafzimmer.

»Muss ich noch irgendetwas wissen? Gibt es eine Bedienungsanleitung?«, fragt sie, bevor sie sich zu ihm in unser großes Bett legt.

»Nö«, sage ich, »hier ist sein Fläschchen mit Wasser, wenn er Durst hat.«

Im Wohnzimmer höre ich das Aufpump-Geräusch der Luftmatratze. Wir haben so eine, die sich über einen Motor selber aufbläst und dann so groß ist wie ein Doppelbett. Es ist unfassbar unromantisch. Während ich die Decken hole, prüft Marc bei lautem Getöse, ob schon genug Luft in der Matratze ist. Und meine Freundin Raffaella grinst mich zum Abschied an: »Viel Spaß!«

Es ist geplanter Sex unter (wenn auch nur gefühlter) Beobachtung. Genau das, was ich überhaupt nicht mag. Mich muss man verführen, ins Bett locken, am besten ins Bett quatschen. Ich brauche wenigstens die Illusion, dass es alles einfach so passiert. Aber was soll's? Mit Kind muss sich auch das ändern.

»Wir verabreden uns immer einmal die Woche zum Sex«, erzählt Raffaella. »Sonntagabend koche ich und um 22 Uhr gehen wir dann ins Schlafzimmer. Um 23 Uhr wird Greta meistens noch mal wach, aber bis dahin wollen wir in Ruhe Zeit für uns haben.«

Das ist mein größter Alptraum. Aber wahrscheinlich hat sie die richtige Einstellung und darum auch mehr Sex als ich.

»Keine Ahnung, wann wir das letzte Mal Sex hatten«, erzählt wiederum meine Freundin Karin aus Köln, »die Kinder kleben den ganzen Tag an mir und abends schlafen sie auf mir ein. Dann komme ich verschwitzt und müde aus dem Schlafzimmer gestolpert. Und weil sie nur durchschlafen, wenn sie neben mir liegen, schläft Paul seit Monaten im Gästezimmer. Vier Leute in einem Zimmer sind ihm eben ein bis zwei zu viel. Irgendwie ist da auch keine Änderung in Sicht. Aber ich sage dir, Lucie, es geht auch ohne. Man gewöhnt sich an alles. Ich muss jetzt nur hoffen, dass keine heiße Sekretärin bei ihm im Büro eingestellt wird.«

Das ist aber auch keine Lösung.

»Mach dich locker, Lucie«, sage ich zu mir selbst, während ich zu Marc auf die Luftmatratze krabble. Und erstaunlich schnell habe ich Raffaella, die Luftmatratze und Sam vergessen.

Am nächsten Morgen um sieben Uhr kommt Sam mit einer gähnenden Raffaella im Schlepptau ins Wohnzimmer.

»Na, wie war eure Nacht?«, frage ich.

»Herrlich«, sagt Raffaella, »ich bin heute Morgen von einem gut gelaunten, kleinen Mann geweckt worden. Er war kurz etwas irritiert wegen der fremden Frau neben ihm im Bett, aber dann hat er gleich wie wild geflirtet. Und eure Nacht?«

»Herrlich!«, antworten Marc und ich gleichzeitig. Sieben Stunden Schlaf am Stück und Sex ist eine top Kombi! Ich muss Raffaella jetzt einmal in der Woche einfliegen lassen.

Wenn das Hamsterrad stillsteht

Es gibt Momente der Stille, in denen ich das Gefühl habe, meine Gedanken sind messerscharf und ganz klar. Fast analytisch und von einer beängstigenden Wahrheit. Sie kommen meistens, wenn Sam unerwartet früh einschläft und ich gerade nicht im Hamsterrad des Alltags gefangen bin. Es ist, als würde jemand den Stecker ziehen und mir so ein paar Minuten unverhoffte, unverplante Zeit verschaffen.

Heute Nachmittag ist so ein Moment. Ich laufe mit Sam durch den Englischen Garten. Der Routine trotzend schläft er in seinem Kinderwagen ein. Ich setze mich in die Septembersonne an den Eisbach und schaue dem Wasser zu. Und da kommen diese klaren, fragenden und scharfen Gedanken: Was machst du eigentlich, wenn Helen wieder anfängt zu arbeiten? Sie geht zurück in einen organisierten, klar strukturierten Job. Auch wenn es ihr davor graut, ihr Leben verläuft dann in geregelten Bahnen weiter. Und deins? Es liegen ein

168

paar lose Anfragen für das kommende Jahr vor, aber das Einzige, was meinem Leben gerade eine klare Struktur gibt, ist Sams Rhythmus. Und auf den ist auch kein Verlass mehr, wie man sieht. Mit Helen hatte mein Alltag eine Struktur erhalten. Wir haben eine klassische Symbiose gebildet, uns gemeinsam in einen Kokon zurückgezogen. In den Kokon »Das erste Jahr mit Kind«. Das ist gesellschaftlich akzeptiert und dank Elterngeld hat man auch nicht das Gefühl, dass überhaupt nichts auf dem Konto passiert. Aber was kommt danach? Diese Gedanken machen mir Angst. Vor Sam habe ich meine freie Zeit genossen: Reisen, im Bett rumliegen, Yoga-Workshops besuchen. Ich habe jetzt einfach keinen richtigen Plan vor Augen. Ich weiß nicht, wo es hingehen soll. Will ich in meinen alten Job zurück? In diesem Moment der Stille merke ich, dass es in mir einen Ruck gegeben hat. Ja, ich bin noch Lucie, aber mit einer kleinen Verschiebung. Nur, was heißt das? Ich kann es nicht sagen. Wann immer vorher diese leisen Fragen auftauchten, konnte ich sie gut zur Seite schieben: eine volle Windel, eine schlaflose Nacht, der Umzug. Irgendwas kam immer sehr gelegen, damit ich mich nicht allzu eingehend mit ihnen befassen musste.

Am liebsten würde ich jetzt in den Eisbach springen und mich von ihm treiben lassen. Soll er mich doch an der richtigen Stelle wieder ausspucken. Stattdessen aber wacht Sam auf und quietscht mir gut gelaunt zu.

»Keine Ahnung, was wird«, sage ich zu ihm und knutsche ihn ab, »aber du warst bisher auf jeden Fall meine beste Idee.«

22. September,
9 ½ Monate

Schnauze voll

Ich habe seit Tagen schlechte Laune. Aber so richtig. Ich bin in dem klassischen 50er-Jahre-Beziehungsmuster gefangen. Marc geht morgens nach dem Frühstück aus dem Haus. Er ist für das Geldverdienen zuständig, ich für Haus und Kind. Ich führe ein Leben, das ich so nie wollte. Ich fühle mich wie amputiert – ohne Arbeit, ohne Reisen, ohne Bühne.

Wenn Marc abends nach Hause kommt, dann habe ich noch schlechtere Laune als morgens und außerdem nicht eingekauft. Ich will einfach nicht mehr. Und da ich meine Jobs gerade nicht herzaubern kann, verweigere ich einfach den Beitrag, der in meiner Macht steht. Es brodelt in mir und zwischen uns, aber wir wissen beide nicht, wie wir damit umgehen sollen.

Am Abend kommt Marc nach Hause und beginnt damit, in der Küche Klarschiff zu machen. Ich heule ihm dabei vor, wie genervt ich bin, dass schon wieder eine Moderation verschoben wurde und dass ich langsam wahnsinnig werde. Er hört mir mit halbem Ohr zu und nickt abwesend, und ich merke, dass er sich die Litanei nicht mehr anhören kann. Sam knatscht, ich gehe zu ihm und nehme ihn auf den Arm.

Während Marc die Tassen in den Schrank räumt, sagt er gedankenverloren: »Kannst du mir noch ein Hemd für morgen bügeln?«

Ich möchte auf der Stelle explodieren, nur weiß ich nicht, wohin. Ich werde weiß, grün und rot vor Wut und mir laufen die Tränen runter.

»Das … das … das …«, stottere ich los und kann kaum reden vor Wut. Hat der mir überhaupt zugehört? Ich erzähle, wie beschissen es mir in der Rolle der 50er-Jahre-Hausfrau geht, und er fragt mich allen Ernstes, ob ich ihm ein Hemd bügeln kann?? Ich glaube, es sind ziemlich unverständliche Dinge, die ich ihm in meinem Zorn auf mein Leben, auf unsere Beziehung und auf ihn selbst vor die Füße spucke. Ich finde keine Worte für meinen Frust. Am liebsten will ich wie ein Rockstar das Wohnzimmer zertrümmern, Teller an die Wand schmeißen oder vom Balkon springen.

»Mann, Lucie«, brüllt Marc zurück, »glaubst du, ich finde das alles so cool? Ich kann es auch nicht ändern, aber einer muss Geld verdienen. Und da kannst du mir ja wohl bitte auch mal den Rücken freihalten!«

Ich halte die Luft an. Scheiße. Scheiße. Scheiße. Das sind die Sätze, die ich NIE hören wollte. Das sind auch Sätze, die wir uns NIE sagen wollten. Und was mich rasend macht, ist dieses Gefühl einer Pattsituation. Marc hat den Kanal voll und ich auch. Wir sind erschöpft von den ersten Monaten als Eltern, wir haben zu wenig Zeit für uns und sind mit dieser völlig neuen Rollenverteilung einfach überfordert.

Wir brüllen uns bis zur Erschöpfung an, ohne dass wir einander zuhören. Sam sitzt auf dem Boden und spielt. Er hat sich nicht eingemischt, sondern uns brüllen lassen.

»Ich muss mal raus«, sage ich matt, »ich muss mal ein paar Tage nach Berlin. Ganz alleine für mich!«

»Dann mach das! Aber hör auf, hier die ganze Zeit schlechte Stimmung zu verbreiten!«, brüllt Marc als Antwort.

Er geht aus dem Zimmer. Ich buche mir einen Flug.

1. Oktober,
10 Monate

Therapeutischer Kaffee

Zwei Tage Berlin ganz alleine haben gutgetan. Ich bin durch die Straßen geschlendert und ins Kino gegangen. Und ich habe mich mit Manuel getroffen. Manuel und ich sehen uns nicht oft. Manchmal zwei Jahre am Stück nicht. Und das, obwohl wir normalerweise beide in Berlin leben. Aber irgendwie tauchen Manuel und ich immer zur richtigen Zeit im Leben des anderen auf.

»Ich habe mich gerade gefragt, wie es dir so geht«, sagt Manuel am Handy.

»Ich laufe gerade alleine durch Kreuzberg und sehne mich nach alten Zeiten«, antworte ich etwas melancholisch.

»Ach, du bist in Berlin? Dann treffen wir uns jetzt sofort!«, ist seine Antwort.

Zwanzig Minuten später sitzen wir zusammen im Café und ich heule Manuel die Ohren voll. Er hört sich alles ganz ruhig an, nickt ab und zu verständnisvoll, haut aber auch immer wieder flapsige Bemerkungen raus.

»Du nimmst mich nicht ernst«, sage ich halb beleidigt, halb lachend.

»Doch, Lucie, tue ich. Aber seit ich dich kenne, gehst du getreu deinem Motto durchs Leben: *It's my way or the Highway.* Das hat ja bisher auch gut geklappt, aber anscheinend ist jetzt etwas anderes angesagt.«

»Was meinst du damit?«, heule ich los.

»Ihr seid jetzt eine Familie, Lucie. Du bist nicht mehr nur Lucie mit Beziehung. Ihr seid ein Gefüge. Wir sind auch nicht mehr zwanzig, wo wir uns nach einem Streit umgedreht und einfach den Nächsten genommen haben.«

»Ja, aber Marc …«, will ich ansetzen.

»Dem wird es genauso gehen«, fällt mir Manuel ins Wort. »Du hast ja kein Arschloch geheiratet. Der wird auch nicht wissen, wo er gerade steht.«

Ich weiß, dass er Recht hat. Ich weiß, dass eine neue Phase in meinem Leben begonnen hat. Aber es ist so, als ob ich mitten in einem Spiel bin, ohne seine Regeln zu kennen.

»Wieso weißt du als schwuler Mann so gut über Familie Bescheid?«, frage ich spöttisch.

»Weil es immer dasselbe ist. Glaubst du etwa, es ist immer einfach mit Paul und mir?«, antwortet er.

»Aber ich vermisse mein altes Leben. Und meinen Job«, sage ich.

»Das verstehe ich«, antwortet er. »Aber du bist bis jetzt immer auf die Füße gefallen, Lucie. Und es gab ja auch früher immer mal wieder Zeiten, in denen beruflich nicht so viel los war.

Nur damals bist du dann einfach nach New York oder Indien geflogen. Ich habe keine Ahnung, wann es wieder bei dir losgeht. Aber mach mal eine Pause damit, dich gegen das Leben zu wehren. Geackert hast du doch schon genug. Versuch doch mal, deine Spaziergänge zum Spielplatz, zum Supermarkt, zur Reinigung usw. einfach zu genießen. Und vor allem die Momente mit Sam. Ihr seid eine tolle Familie. Versau es nicht.«

Ich nicke. Ich würde gerne etwas erwidern. Aber mir fällt nix ein.

»Danke«, sage ich müde.

»Rechnung kommt«, grinst Manuel.

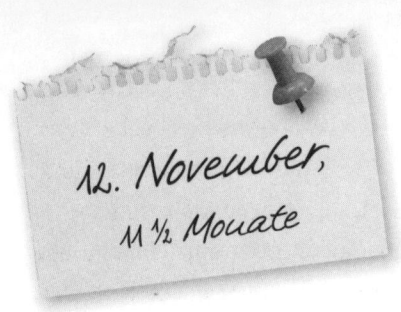

Lucie Zapf – Klappe, die zweite

Ich habe mich schon fast an München gewöhnt. Ich habe mich daran gewöhnt, dass wildfremde Münchner Omis in meinen Kinderwagen schauen und mir Tipps für den Umgang mit meinem brüllenden Kind geben. Den Dialekt kann ich manchmal sogar ganz gut verstehen: »Na, I würd die schreie loasse. Das bracha die Madl. Ach, des is a Bua? Di bracha des aa.«

Sogar an die perfekte Joggerin bei uns im Park habe ich mich gewöhnt.

Wir haben uns mit dem netten Hausmeister der gegenüberliegenden Schule angefreundet. Angefreundet ist vielleicht übertrieben, aber er winkt immer, wenn Marc und Sam morgens um 5 Uhr in Decken eingewickelt auf dem Balkon sitzen, weil Sam die Nacht für beendet erklärt hat.

Ich konnte mir also gut vorstellen, hier noch ein bisschen zu bleiben.

»Lucie, ich habe ein Angebot aus Berlin bekommen«, sagt Marc. Na super, und ich muss in München sitzen, während er in Berlin ist? »Nee, kein Projekt. Das wäre eine Festanstellung. Wir gehen dann alle zusammen nach Berlin. Als Familie.«

Als Familie. Sam wird Ende des Monats ein Jahr alt, und ich glaube, wir haben beide erst jetzt kapiert, was es bedeutet, eine Familie zu sein. Früher waren Marc und ich zwei Satelliten, die zwar im selben Sonnensystem kreisten, aber gerne auch mal alleine ihre Bahnen zogen. Aber jetzt müssen wir wichtige Entscheidungen im Familienrat treffen. Ich habe wirklich alles gegeben und im letzten Jahr viel Energie damit verschwendet, so zu tun, als wäre ich noch die gleiche Lucie wie vor Sams Geburt. Und als würden wir noch dieselbe Beziehung führen. Aber sogar ich musste mir spätestens nach meinem Berlin-Trip eingestehen, dass sich das Leben seitdem massiv verändert hatte.

Ich habe seit einem Jahr nicht mehr gearbeitet. Also, zumindest nicht gegen Bezahlung. Aber ehrlich gesagt habe ich noch nie in meinem Leben so geschuftet, wie seitdem ich Mutter bin. Allerdings ohne Scheinwerferlicht, roten Lippenstift und großes Publikum. Marc ist der Ernährer der Familie. Wenn mir das jemand vor einem Jahr gesagt hätte, dann hätte ich laut losgelacht: »Bist du bescheuert? Was ist denn das für ein 50er-Jahre-Modell? Das würde mir nie passieren!«

Doch trotz lauten Protestierens und Fluchens und einem irreversiblen Schlafdefizit habe ich dieses unfreiwillige Pausenjahr mit Baby auch immer wieder sehr genossen. Und zwar jedes

Mal, wenn es mir gelang, mich voll und ganz auf Sam einzulassen und ich mich nicht mit Fluchtgedanken beschäftigte. Jedes Mal, wenn ich mich nach einer viel zu kurzen Nacht mittags mit ihm schlafen legte und dann neben einem glücklich quiekenden Baby aufwachte. Und wenn ich diesem kleinen Wunder beim Wachsen zusah: Wie er zum Beispiel fast vor Stolz platzte, als er sich zum ersten Mal am Bett hochzog, wenige Sekunden stand und vor lauter Aufregung gleich wieder umkippte. Wie er zufrieden mit sich und der Welt zwei Stunden lang die Enten im Englischen Garten anbrüllte. Andere bezahlen viel Geld, sich zurückzubesinnen und sich wieder an den kleinen Dingen des Lebens erfreuen zu können. Sam kann es einfach so. Wie er seinen Spielebogen zum Rollator umfunktionierte und mit einem erstaunlichen Ehrgeiz im Flur laufen übte. Das waren meine Highlights seines ersten Lebensjahres.

Im nächsten Jahr werde ich wieder anfangen zu arbeiten. Plötzlich sind doch ein paar Moderationen fest in Aussicht. Ich hatte mich in München bereits nach Krippenplätzen umgeschaut. Die Betreuungssituation hier als eine Katastrophe zu bezeichnen ist mehr als euphemistisch. Entweder muss man eine Stunde fahren (und ja, da ist München schon zu Ende und man ist quasi in den Bergen) oder sich auf ellenlange Wartelisten setzen lassen. Und hat man Glück oder gute Beziehungen, dann bleiben da noch die unfassbar hohen Beiträge. Die Bayern scheinen das Konzept »Frau am Herd mit Kind am Rockzipfel« doch zweifellos zu favorisieren. Helen hat gerade für Philippa einen Platz bekommen. Da muss sie jeden Tag eine Stunde lang hinfahren (und eine Stunde wieder zurück). Eigentlich könnte ihr Arbeitgeber ihr das Gehalt auch gleich an die Krippe überweisen und Helen am Monatsende 20 Euro Taschengeld in die Hand drücken. Hoffentlich bleibt mir dieser Wahnsinn in Berlin erspart.

»Dann gehen wir als Familie zurück nach Berlin«, nicke ich. Es ist das erste Mal, dass wir bewusst eine Familienentscheidung treffen. Wir haben ein Jahr gebraucht. Es hat geruckelt, wir haben uns beide schwergetan, uns als Eltern zu finden und dabei auch noch ein Paar zu bleiben. Na dann, auf zu unseren Kisten in Berlin.

2. Dezember,
1. Geburtstag!

Happy Birthday & Goodbye München

Abschiedsparty von München und der erste Geburtstag von Sam. Wir feiern mit allen Münchner Freunden und Bekannten in einem Kindercafé. Die Kleinen sitzen im Indoor-Sandkasten, der von Glitzerplastikpalmen und bunten Lichterketten umgeben ist, und stopfen sich abwechselnd Sand und Brownies in den Mund. Wir Eltern trinken Prosecco und versuchen, ein paar Worte miteinander zu wechseln, ohne dabei den Überblick über die Kinderschar zu verlieren, so dass keines im Treibsand des Sandkastens versinkt.

Der erste Geburtstag fühlt sich an wie ein riesiger Meilenstein. Jetzt sage ich nicht mehr: »Sam ist elf Monate alt«, sondern: »Sam ist ein Jahr alt!« Er hat vier Zähne, er kann zwei Schritte laufen, er isst Unmengen von Brei, er schläft nach wie vor nicht durch, er ist ein kleiner Mann geworden. Ich hatte mir den ersten Geburtstag mit Unmengen von Luftballons vorgestellt, mit selbstgebackenem Kuchen, mit vielen Freunden in unserer Wohnung. Aber stattdessen ist unsere Wohnung wieder ein Meer aus Kisten und gepackten Taschen.

Aber vor allem ich habe mich verändert. »Wirst du mit deinem Sohn erwachsen, Lucie?« Ich muss über mich selbst schmunzeln. Ich würde behaupten, ich habe mich der Tatsache, dass ich jetzt eine Mutter bin, gedanklich angenähert. Aber ganz angekommen bin ich noch nicht in meiner neuen Rolle.

Und wir als Paar? Trotz allem Glück und aller Euphorie, ein gesundes Kind zu haben, Elternsein ist eine riesige Herausforderung für uns beide. Liegt es daran, dass wir so spät Eltern geworden sind? Dass wir uns so an unser Leben als Individualisten gewöhnt hatten? Dass wir es beide gewohnt waren, die meisten Entscheidungen alleine zu treffen und den anderen eigentlich nur darüber informierten? Wie bleibt man denn ein Liebespaar, und wie schafft man es, sich nicht in seiner Rolle als Eltern zu verlieren? Wie gelingt es einem, dann auch noch bei sich zu bleiben und sich nicht in Windelwechseln, Wachablösung und Breikochen aufzulösen?

Marc ist mir durch Sam viel näher als jemals zuvor. Und auch gleichzeitig viel weiter weg, weil wir kaum noch Zweisamkeit erleben. Aber auf unseren einjährigen Sohn, der sich auf wackeligen Beinen von einer Glitzerplastikpalme zur nächsten hangelt, sind wir beide irre stolz. Das erste Jahr ist ein Meilenstein. Es war hart. Es war wunderschön.

Während ich die Glückwünsche für meinen einjährigen Sohn entgegennehme und mit Marc auf das erste Jahr mit Sam anstoße, merke ich, wie sehr ich mich auf den nächsten Abschnitt freue. Einen richtigen Plan gibt es dafür allerdings noch nicht. Und ich verstehe in diesem Moment auch, warum Frauen lieber die Abzweigung »Zweites Kind« nehmen oder fremdgehen oder sich sonst etwas suchen, nur um sich selbst auszuweichen. Ich habe jetzt ein Jahr auf dem Mama-Planeten verbracht. Es war anstrengend, aber der Planet ist überschaubar. Ich kenne die Gesetzmäßigkeiten, ich weiß, wie was funktioniert. Aber weiß ich das auch, wenn ich in meine »alte Welt« zurückkomme? Kann ich das dann alles überhaupt noch? Und bin ich noch dieselbe? Wo stehe ich? Wer bin ich? Ich könnte Zeit schinden mit einem zweiten Kind. Ich denke ja auch über ein zweites Kind nach. Aber mir wird in dieser Sekunde die Funktionalisierung dieses Wunsches klar.

Aber jetzt freue ich mich erstmal auf meinen alten Kiez, auf Raffaella, auf Hilly und auf meinen Bruder. Ich freue mich tatsächlich und entdecke etwas ganz Neues: das Gefühl, eine Heimat zu haben, nach Hause kommen zu können.

Teil 3

»We used to want it all,
now we just want to pee alone.«

Unbekannt

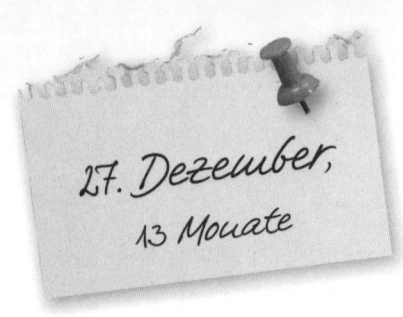

Home, sweet home

Wir wachen alle erst spät auf. Sogar Sam hat bis acht Uhr geschlafen. Wir kuscheln zu dritt auf der großen Matratze in unserem neuen Berliner Schlafzimmer, umgeben von Umzugskisten und Koffern. Vor unseren gardinenlosen Fenstern wütet ein Schneesturm. Berlin ist im Winter nicht unbedingt die herzlichste aller Städte.

Wir sind gestern Nacht bei minus 17 Grad und Unwetter in unserer alten neuen Heimat angekommen. Als der Umzugswagen um 22 Uhr vor der Wohnung hält, setzt der Schneesturm kurz aus. Das ist für Berliner Verhältnisse ein geradezu euphorischer Willkommensgruß.

Viele Möbel mussten gestern zum Glück nicht hochgeschleppt werden, das meiste ist eingelagert und wird erst nächste Woche geliefert. Bis dahin campen wir einfach mit Gartentisch und Klappstühlen. Aber es ist wahnsinnig gemütlich. Aus unserem Küchenfenster schauen wir in den verschneiten

Hinterhof. In der Mitte des Hofes steht ein mit Lichterketten dekorierter Weihnachtsbaum. Die Wohnung hatte ich im Internet gefunden. Und als ich sie sah, wusste ich sofort: Das ist unsere!

Sie ist in einem Haus, an dem ich früher immer vorbeigelaufen bin und dachte: »Wenn ich mal Familie habe, dann möchte ich gerne hier wohnen!« Sie hat einen schönen, mit Spielsachen übersäten Innenhof. Eigentlich ist die Wohnung zu klein, aber sie hat mich magisch angezogen, fast wie ein Magnet. Ich habe den Makler drangsaliert, der mir zunächst absagte, weil er schon jemanden hatte. Aber ich blieb dran. Ich hatte mich festgebissen. DAS ist unsere Wohnung, sagte ich stündlich wie ein Mantra auf. Und dann rief ich ihn einfach noch mal an. »Ach, Frau Marshall, wie gut, dass Sie anrufen. Mir hat der Mieter gerade abgesagt. Wollen Sie sich die Wohnung ansehen?«

Ich hatte Marc angerufen und ihm ins Ohr gebrüllt: »Du fährst heute noch nach Berlin! Mit Schufa und allem, was der Makler sehen will!« Und so haben wir sie bekommen.

Ich hätte nie gedacht, dass es mich so glücklich machen würde, wieder in Berlin zu leben. Ich hatte gar nicht gemerkt, wie sehr diese Stadt in den letzten Jahren meine Heimat geworden ist. Hier habe ich geheiratet, hier habe ich meinen Sohn geboren. Ich dachte immer, Heimat sei was für Weicheier und Spießer. Aber Heimat und das Gefühl von Zugehörigkeit entsteht dadurch, dass ein Ort mit Erlebnissen, Gefühlen und Menschen bestückt wird und damit einzigartig wird. Heimat ist die Summe der Gerüche, des Lachens und des Weinens, der Schmerzen und der Freude.

Ich stehe am Küchenfenster mit meinem Kaffeebecher in der Hand und schaue in den Schnee. Marc steht neben mir, mit Sam auf dem Arm. »Das ist jetzt unser Zuhause«, sage ich zu beiden. Dabei tropfen mir Glückstränen in meinen Kaffee.

21. Januar,
14 Monate

Kindercafés - ein notwendiges Übel

Ich bin wirklich irrsinnig glücklich, wieder in Berlin zu sein. Hier habe ich meine Freunde, hier kenne ich mich aus. Dachte ich zumindest. Aber nach einer Woche merke ich: Berlin mit Kind ist so ganz anders. Was macht man mit einem kleinen Kind, das gerade laufen lernt und deswegen nicht mehr im Wagen sitzen möchte, draußen aber überall Schneematsch liegt und eine Eiseskälte herrscht? Und ich kann nicht nur in der Wohnung sitzen. Da werde ich wahnsinnig. Ich brauche dringend einen Tapetenwechsel.

Die meisten meiner Berliner Freundinnen haben entweder noch keine oder ältere Kinder. Raffaellas Tochter Greta ist Sam altersmäßig am nächsten. Aber sie hat schon einen Kitaplatz und Raffaella arbeitet wieder. Beide Gruppen folgen einer vollkommen anderen Agenda und anderen Zeitplänen. Gruppe eins will sich gerne mit mir treffen, aber »erst so gegen 11:30 Uhr, vorher gehe ich noch zum Yoga«. 11:30 Uhr ist aber leider eine ganz schlechte Zeit für uns. Da ist Sam müde und hungrig und ich muss zusehen, dass er noch was isst, bevor ich ihn schlafen lege.

Gruppe zwei holt die Kinder gegen 16:30 Uhr vom Hort oder Schülerladen ab, aber »du könntest so gegen 17 Uhr bei uns vorbeikommen.« Das ist leider auch eine ganz schlechte Zeit für uns. Denn um 17:30 Uhr bin ich im Eimer. Sam wird da meistens auch quengelig, ich bin fix und fertig und zähle die Sekunden, bis Marc nach Hause kommt.

Ganz klar: Ich brauche neue Freunde! Aber wo gibt es die?

Ich google »Kindercafés in Berlin« und finde tatsächlich eins, das nicht so weit von uns entfernt ist. Sam und ich machen uns gleich auf den Weg durch die Eiseskälte.

Das Café ist wirklich süß, ein Ladencafé mit Kuchen und Kaffeebar für die Mamas und kleinem Sandkasten davor. Im Keller ist ein Secondhandladen und über eine Treppe erreicht man im ersten Stock das Spielzimmer. Sam ist im Glück und hangelt sich von der Rutschbahn ins Bällebad und weiter zur Kinderküche. Er sabbert alles an, steckt alles in den Mund und ich frage mich: Wie oft wird das Spielzeug hier eigentlich gewaschen oder desinfiziert? Ich will ja nicht hysterisch sein, aber in einer anderen Ecke sitzt ein etwa gleichaltriges Kind mit Rotznase und wiederkehrenden Hustenattacken, das inbrünstig einen Spielzeug-LKW ableckt. Das Letzte, was ich jetzt gebrauchen kann, ist ein Noro-Virus oder eine Bronchitis. Oder beides. Mit krankem Kind im kalten Berlin alleine zu Hause.

Ganz schlecht für meine seelische Verfassung. Und fatal für meine Beziehung.

Ich zücke heimlich ein paar Feuchties, nehme Sam den Spielzeugteller aus der Hand und wische ihn ab, bevor er ihn wieder zum Ablecken bekommt. Aber da hat er auch schon die Spielzeugpfanne entdeckt. Bevor er sie in den Mund stecken kann, reiße ich sie ihm aus der Hand und gebe sie ihm abgewischt wieder. Das Spiel wiederholt sich neun Mal, dann sehe ich ein: Entweder komme ich hier mal morgens um sechs Uhr im Ganzkörperschutzanzug alleine vorbei und desinfiziere den gesamten Laden inklusive der Bedienung und mache dann ein Heute-nur-für-desinfizierte-und-gesunde-Kinder-geöffnet-Schild an die Tür, oder ich mache mich locker. Ich entscheide mich für Letzteres und bestelle mir erst mal einen Kaffee.

Die Mutter mit der kleinen Virenschleuder gesellt sich zu mir.

»Zum ersten Mal hier?«, fragt sie mich. Ich nicke.

»Habe ich mir gleich gedacht, als du die Feuchties rausgeholt hast. Habe ich beim ersten Mal auch versucht. Bringt nix.«

Verflucht, ich bin ertappt und geoutet als Kindercafé-Anfängerin.

»Kindercafé ist auf jeden Fall besser, als bei der Kälte draußen zu sein oder zu Hause zu hocken und verrückt zu werden«, redet sie weiter. »Aber du kannst dich darauf gefasst machen, dass deiner erst mal krank wird. Ist so wie bei der Kitaeingewöhnung. Immunisiert aber auch ungemein.«

Aha, hier spricht eine professionelle Kindercafé-Besucherin und offensichtlich auch Kindergarten-Eingewöhnungsbelesene.

»Wenn es richtig doof läuft, dann erwischt es dich auch gleich noch mit. Wir haben letzte Woche mal nachts den Notarzt rufen müssen, weil wir alle zusammen Magen-Darm hatten und uns einfach nicht mehr bewegen konnten.«

Oh Gott, das hört sich ja gruselig an.

»Und dann kommst du trotzdem noch hierher?«, frage ich sie ganz erstaunt.

Sie guckt mich ganz verdutzt an: »Ja, klar. Ich werde IRRE, wenn ich nur zu Hause rumsitze. Im Sommer hat es durchgeregnet, jetzt ist es bereits seit Oktober arschkalt und in Berlin hält der Winter bekanntermaßen gerne mal bis April an. Ich habe die Wahl: Entweder Isolationshaft ohne Krankheiten oder ab und zu mal den Notarzt zu Hause, aber dafür drehe ich nicht durch.«

Okay, okay, ich verstehe die Richtung. Das ist ein Übel jeder Großstadt – die Kleinfamilien. Wenn man keine Omas, Geschwister oder Tanten und Onkel in der Nähe hat, dann ist man echt auf verlorenem Posten. Ich muss an die ausländischen Großfamilien denken, die mit mir im Krankenhauszimmer waren, als Sam geboren wurde.

Im Nachbarzimmer zum Beispiel lag Marokko. Marokko war Anfang Zwanzig, hatte dicke lange schwarze Haare und war bildhübsch. Sie hatte einen Tag vor mir entbunden, sah aber an Tag zwei schon wieder so aus, als ob sie an der Wahl zur Miss Marrakesch teilnehmen könnte und dann auch gute Chancen auf den ersten Platz hätte. Sie trug immer einen hautengen weißen Rollkragenpulli. Ich frage mich heute noch, wie sie das gemacht hat. Ich trug nämlich am allerliebsten das grauenvolle Krankenhausoberteil. Alles andere zwickte und erzeugte bei mir klaustrophobische Zustände. Meine Mutter hatte mir extra riesige Unterhosen gekauft, die bis zum Bauchnabel gingen und bloß nicht auf die Kaiserschnittnarbe drückten. Außer den Pailletten an meinen Hausschuhen glitzerte bei mir nichts.

Wenn Marokko Besuch bekam, dann waren das Minimum 20 Verwandte in aufwändigen Gewändern inklusive sechs Kinder in allen Altersstufen, die auf den Fluren Fangen spielten. Sie waren entzückend. Und bunt. Und laut. Die Frauen kamen immer bepackt mit Schalen und Tüten voller Lebensmittel. Durch den Türspalt wagte ich manchmal einen neidischen Blick. Die junge Mutter wurde von ihren Gästen umringt und das Baby von einem Arm zum nächsten gereicht. Dabei wurde gegessen, wild durcheinandergeredet und der frischgebackenen Mama Teller mit Köstlichkeiten gereicht. Sie schien so aufgehoben und beschützt in ihrer Familie.

Einmal sah mich einer der Männer aus der Familie Marokkos von der Frühchenstation zurück auf mein Zimmer schlurfen. Er kam mit leuchtenden Augen und strahlendem Lächeln auf mich zu, nahm meine Hand und sagte: »Sie machen das großartig. Sie sind eine ganz wundervolle Mutter. Bravo.« Dann

191

drehte er sich um und ging zurück zu seiner Familie. Ich war so sprachlos und gerührt, dass mir die Tränen herunterliefen.

Während ich also hier im Kindercafé mit einer anderen einsamen Großstadtmama-ohne-Verwandte-in-der-Nähe sitze, merke ich, wie die Sehnsucht nach einer Marokko-Familie in mir hochsteigt. Ich brauche eine Helen in Berlin, denke ich. Und ich brauche einen Kindergartenplatz. Dringend.

7. Februar,
14 Monate

Perspektivenwechsel

An Tagen, an denen der Morgen schon scheiße beginnt (Sam wacht um 04:10 Uhr auf, Marc und ich haben uns vor dem ersten Kaffee in den Haaren und so weiter) und ich mich so richtig ausgiebig selbst bemitleide, mich in meinem Elend suhle und das Leben als eine einzige Ungerechtigkeit empfinde (»Wieso ich??«), gibt es nur ein Mittel, meine Laune schlagartig von »total beschissen« auf »Danke, lieber Gott, es ist ja nur eine Phase« umzuwandeln: Ich stelle mir vor, alleinerziehend zu sein.

Ich stelle mir vor, dass ich nach einer harten Nacht nicht sagen kann: »Nimm du ihn mal bitte kurz, ich will zehn Minuten heiß duschen!« Ich kann nicht sagen: »Danke für den Kaffee, Schatz«, weil da keiner ist, der einem mal einen Kaffee kocht. Niemand zeigt Verständnis, wenn ich sage: »Scheiße, bin ich müde heute!«, denn der Einzige, der da ist und garantiert nicht zuhört, zieht mir auch noch an den Haaren. Ich kann nicht sagen: »Kannst du bitte Brot mitbringen, dann hole ich noch frisches Gemüse«, ich muss beides besorgen. Und zu allem Überfluss auch noch für beides zahlen, denn da ist niemand, der mitverdient oder überhaupt verdient und das Thema »Existenz« wird so riesig wie ein pinkfarbener Elefant im Wohnzimmer, der täglich dicker wird.

Und man kann auch diese Momente nicht teilen, in denen man vor Freude fast ausflippt, weil das Baby zum ersten Mal lacht oder läuft. Denn keiner ist darauf so stolz wie die Eltern und keiner heult vor Glück, wenn der oder die Kleine zum ersten Mal »Dada« sagt (»Oh Gott, er ist hochbegabt!«).

Es ist mir ein Rätsel, wie alleinerziehende Mütter das schaffen. Und es ist mir ein Rätsel, warum wir diese Frauen nicht auf Händen tragen und ihnen alle Unterstützung bieten, die sie brauchen.

Denn selbst wenn man einen Mann hat, der fünf Tage die Woche unterwegs ist, dann weiß man doch, dass er wiederkommt. Eine alleinerziehende Mutter hat 365 Tage im Jahr Kinderdienst (das sind 8760 Stunden oder 525 600 Minuten) und nur selten oder nie einen Tag frei.

»So, liebe Lucie«, ist dann der Abschlussgedanke, »kann sein, dass du *sehr, sehr erschöpft* bist. Und das darfst du auch so empfinden. Aber du bist NICHT allein.«

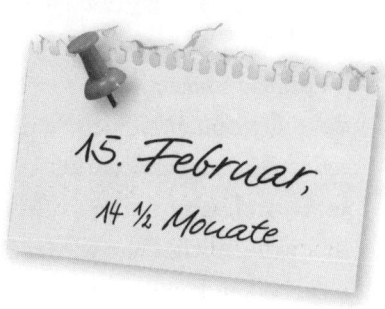

15. Februar,
14 ½ Monate

Valentinstag – zu dritt und in Farbe

Für mich stellte das fortwährende Schlafdefizit am Anfang unserer Elternschaft die größte Herausforderung dar. Vor allem, weil ich so eine leidenschaftliche Schläferin bin. Unter neun Stunden Schlaf bin ich eigentlich nicht ansprechbar. Mein persönlicher Schlafrekord liegt bei 17 Stunden am Stück. Da hatte ich zugegebenermaßen einen Jetlag und war ein bisschen krank, aber ich liebe es einfach zu schlafen. Dass man aber auch mit nur fünf Stunden durch den Tag kommt, wenn auch schielend und mit einem komischen Vibrieren auf der Haut, prüfen mein Sohn und ich seit etwa 15 Monaten.

Eine weitaus größere Herausforderung als der Schlafmangel ist es allerdings, als Eltern auch ein Paar zu bleiben. Das hatte ich lange Zeit überhaupt nicht auf dem Schirm. 49 Prozent der geschiedenen Ehen haben kleine Kinder. Bevor ich Mutter wurde, hat mich diese hohe Zahl total geschockt. Seit ich Mutter bin, denke ich: NUR 49 Prozent?

Tagsüber versucht jeder, trotz Schlafmangels einigermaßen produktiv zu sein. Wenn ich Sam um 18 Uhr füttere, bin ich meistens schon so platt, dass ich kaum die Augen offenhalten kann. In Gedanken verfluche ich Marc, der noch nicht zu Hause ist. Wieso muss ich schon wieder das ganze Abendprogramm (füttern, baden, müdes Nölen ertragen und in den Schlaf schunkeln) mit Sam machen? Abendprogramm zählt doppelt. Da weiß man nicht, wer müder und quengeliger ist: Sam oder ich.

Wenn Sam gnädig gestimmt ist, habe ich um 20 Uhr alles überstanden und es ist endlich still in der Wohnung. Dann lege ich mich mit einem Glas Wein in die Badewanne. Nachdem mein kleiner Mann den ganzen Tag an mir gehangen hat, ich ihn bespaßt, bekocht, getröstet und gekitzelt habe, will ich nur noch eins: meine Ruhe. Kann man ja auch verstehen, ist aber nicht unbedingt förderlich fürs Liebesleben.

Und wenn ich dann in der Wanne liege und höre, wie die Wohnungstür aufgeht, könnte ich aus dem Wasser springen: »Wieso kommt der denn ausgerechnet jetzt? Kann man nicht EINMAL in Ruhe in der Badewanne liegen?«

Gestern war Valentinstag und ich dachte: »Lucie, Sam ist jetzt 15 Monate alt. So langsam muss mal wieder etwas Leidenschaft her. So geht das nicht weiter.« Ich finde es zwar nach wie vor total unromantisch, eine Liebesnacht minutiös zu planen, aber was soll's? Kein Sex ist aber nach wie vor auch keine Lösung. Und damals in München hat unsere Sex-Inszenierung dank Raffaella ja auch ganz gut geklappt.

Während Sam im Kinderwagen schläft, gehe ich bei Princesse Tam Tam shoppen. Ein Negligé muss her für den Valentinstag oder besser die Valentinsnacht. Ich habe ja nicht vor, den Tag mit Sam im Negligé zu verbringen. Ich wähle eins mit rosa Spitze und Bügeln im BH. Obwohl ich nur viereinhalb Monate gestillt habe, halten sich meine Brüste ohne Bügel für meinen Geschmack zu nah am Bauchnabel auf.

Kaum bin ich wieder zu Hause, versuche ich meine Haare in eine frisurähnliche Form zu bringen und mir die Beine zu rasieren, während Sam das Bücherregal ausräumt und mit wachsendem Ehrgeiz versucht, die Kindersicherung aus der Steckdose zu pulen. So ganz klappt das nicht – also das mit den Haaren. Aber im Liegen ist die Frisur ja auch nicht so wichtig. Wenigstens hat Sam ein Erfolgserlebnis: Er entfernt die Sicherung aus der Steckdose und grinst sehr zufrieden.

Aber schon kurz darauf fängt er an zu quengeln, ich mache ihm sein Abendessen. Er lutscht unwirsch an seinen Lieblingsravioli. Auch vom Apfelmus will er nicht mehr als zwei Löffel. Was ist denn los mit dem? Der wird doch jetzt nicht krank? Ich will nachher schön kochen, der Champagner steht schon kalt und das Dessert habe ich im Bett geplant. Marc will um Punkt 19 Uhr zu Hause sein und da soll Sam bereits tief und fest schlafen.

Ich hebe ihn aus seinem Hochstuhl und noch in der Luft kotzt er mir die Ravioli und das Apfelmus aufs Hemd. Mir ist es unbegreiflich, wie sich drei Ravioli und zwei Löffel Apfelmus in eine so gigantische Menge Flüssigkeit verwandeln können.

Er weint, wir gehen ins Bad und ich versuche, ihn und mich gleichzeitig zu reinigen. Er weint weiter und will unbedingt eine »Mimi«. Milch auf leergekotzten Magen?

Ich rufe Raffaella an, und sie sagt: »Mach ihm eine. Manchmal hilft das.«

Er schläft beim Trinken ein und ich lege ihn ins Bett. So problemlos und früh ist er schon lange nicht mehr eingeschlafen. Vielleicht war das ja eine Fügung des Schicksals? Einmal kotzen muss ja nicht gleich Mega-Magen-Darm-Virus bedeuten.

Ich nutze die Gelegenheit und koche schnell das Risotto, während ich den Tisch decke und mir die Nägel lackiere. Bisher läuft alles mehr als nach Plan. Zwischendrin schaue ich immer mal wieder nach Sam. Aber der schläft tief und fest. Er ist das beste Kind der Welt.

Marc ist pünktlich zu Hause, wir sitzen gemeinsam bei köstlichem Wein und Risotto am Tisch, ohne dass jemand uns angesabbertes Brot hinhält oder versucht, in die Kerzen zu greifen. Wir unterhalten uns in ganzen Sätzen und schaffen es tatsächlich mal, ein Thema abzuschließen. Ich schaue mir diesen Mann auf der anderen Seite des Tisches an und denke: »Och, gar nicht so übel. Jetzt erinnere ich mich wieder, warum ich mich in den verliebt habe.«

Um 21 Uhr liegen wir mit der Flasche Champagner im Bett, Marc füllt gerade unsere Gläser, da hören wir aus dem Nebenzimmer Weinen. Bitte nicht.

»Ich geh schnell rüber, der hat bestimmt nur den Schnulli verloren«, sage ich und schleiche in meinem rosa Spitzennegligé und mit lackierten Fußnägeln in Sams Zimmer.

Sam sitzt weinend in seinem Bett und mir weht ein beißender Geruch entgegen. Die Windel steht kurz vor einer Explosion. Ich beruhige ihn und lege ihn auf den Wickeltisch. Anscheinend hat er Durchfall. Na gut, so ist das ja mit den Magen-Darm-Viren. Die gehen einmal von oben nach unten. Aber dann hat man es ja auch hinter sich.

Marc kommt dazu, als ich gerade Sams Windel aufmache. In dem Moment geht ein Zucken durch Sams Körper und er kotzt nicht nur in einem großen Schwall, sondern entleert sich zeitgleich auch. Mit einem wahnsinnigen Druck spritzen Kotze und Kacke durch das Kinderzimmer. Marc schafft es gerade noch, geistesgegenwärtig zur Seite zu springen, ich kriege die volle Ladung ab. Das kann doch nicht wahr sein. Das Erbrochene läuft mir über den Busen und wird von den Bügeln meines ehemals umwerfenden Dessous aufgefangen. Mein rosa Seidennegligé ist grün und braun gesprenkelt. Sam weint. Marc nimmt ihn auf den Arm und ich schaue an mir herunter: »Ich gehe mir mal kurz die Kotze aus den Haaren waschen. Willst du mir dann Sam gleich mit in die Dusche geben?«

Bevor Sam auf die Welt kam, hatten Marc und ich die Befürchtung, dass wir uns vor dem Inhalt voller Windeln und sonstigen Körperflüssigkeiten unseres Sohnes ekeln würden. Aber von Ekel ist keine Spur. Man brüht so was von ab, man wird eher mürbe, weil der Abend natürlich wieder anders verlaufen ist als geplant.

Ich verabschiede mich von meinem schönen, ursprünglich zartrosafarbenen Negligé, dusche jetzt also mit Sam (nicht mit Marc), während Marc versucht, den beigen Teppich im Kinderzimmer zu reinigen.

30 Minuten später liegen wir drei zusammen im Bett. Sam kuschelt sich an mich, steckt seine Nase in meine frisch gewaschenen Haare und schläft sofort ein, ohne den Schraubstockgriff zu lockern, mit dem er meine Hand festhält.

Marc reicht mir mein Glas Champagner: »Happy Valentine's Day.« Wir müssen beide lachen, über das vollgekotzte Negligé, über meine nassen Haare, über den ganzen verkorksten Abend.

»Ich glaube, wir sollten uns irgendwie anders verabreden«, grinst Marc, »wie wär's mit morgen früh im Heizungskeller?«

Mehr als ein Kuss ist heute nicht drin. Aber der hat es in sich.

»Ehrlich gesagt, ich weiß gar nicht, wie man so ein zweites Mal schwanger werden kann. Selbst wenn man wollte«, sage ich und erhalte als Antwort ein Schnarchen von Marc und ein glückliches Seufzen von meinem Sohn.

27. Februar,
15 Monate

Logistikzentrum Marshall-Mom

Mein Job ist so planbar und vorhersehbar wie die Laune meines Einjährigen: In einem Moment kann man ihm nichts recht machen, er quengelt, schreit und windet sich in meinem Arm. Im nächsten Moment ist die Schlechtwetterfront auf einmal wie weggeblasen und er quietscht und strahlt wie ein Honigkuchenpferd. Warum das so ist? Ich habe keine Ahnung.

In meinem Beruf ist es genauso. Die letzten Monate waren vertrackt. Nichts klappte, alle Jobs wurden verschoben oder ganz gestrichen. Und dann, ganz plötzlich, klingelt abends das Telefon und mein Agent ist dran: »Lucie, es geht um eine Moderation auf Mallorca. Keine große Sache, kriegst du im Schlaf hin, und sie zahlen wirklich gut.«

Das hört sich doch super an.

»Und wann?«

»Du musst morgen um 13:00 Uhr fliegen. Für drei Tage.«

Morgen? Um 13 Uhr? Für drei Tage? Ach, du Scheiße.

Vor Sam hätte ich nur gesagt: »Alles klar, ist mein Ticket am Flughafen hinterlegt? Und wie ist der Dresscode?«

Und dann hätte sich dieses wohlige, schöne Gefühl in meinem Bauch ausgebreitet, das immer dann bei mir einsetzt, wenn andere bereits kurz vor dem Tilten stehen. Dann schießt das Adrenalin durch meine Adern und ich laufe erst richtig zur Hochform auf.

Aber jetzt gerade will sich dieses Gefühl nicht einstellen. Ich spüre nur Panik in meinen Adern: Was mache ich jetzt? Was mache ich mit Sam? Ich bin ja noch völlig unorganisiert: Keine Kita, kein Babysitter, Marc steckt gerade bis zum Nachbarhaus in Arbeit und ich soll für drei Tage weg? Das geht doch gar nicht.

»Alles klar, kein Problem«, sagt die Unbekannte in mir, und ich schiebe noch den obligatorischen, oberlässigen Satz hinterher: »Ist das Ticket für mich am Flughafen hinterlegt?«

Es kommt ein bisschen gequält rüber, aber mein Agent scheint das nicht zu bemerken: »Ach, ich wusste es, meine alte Lucie!«

Ich lege auf. Und jetzt?

Versteinert sitze ich auf der Couch. Wie soll ich das denn schaffen? Ich kann Sam ja nicht irgendjemandem in den Arm drücken. Und sich alleine bekochen und anziehen kann er leider auch noch nicht. Ich höre den Wohnungsschlüssel in der Tür. Marc kommt in diesem Moment nach Hause. Ich begrüße ihn mit den Worten: »Ich muss morgen um 13 Uhr für drei Tage nach Mallorca!« »Oh«, ist seine Antwort.

Früher hätte er gesagt: »Alles klar, wann bist du zurück?« Aber jetzt steht auch er etwas verloren im Hausflur und versucht, sich für mich zu freuen.

Wir gehen alle Lebewesen durch, die für die Betreuung von Sam infrage kommen würden. Marc kann ein bisschen zu Hause arbeiten, aber nicht die ganze Zeit. Und ohne irgendeine Art von Babysitter ist es vollkommen utopisch, zu Hause zu arbeiten, wenn ein einjähriger Wirbelwind, der jetzt laufen kann, durch die Bude jagt und Bücherregale ausräumt. Was ist mit meinem Bruder Valentin? Ab morgen auch unterwegs. Hilly? Nicht da. Einen neuen, fremden Babysitter? Nein, das bringe ich nicht übers Herz. Meine Mutter? Muss arbeiten. Marcs Mutter? Könnte klappen. Sam und sie haben sich Weihnachten das letzte Mal gesehen. Nicht, dass sich Sam an sie erinnern könnte, aber ich hatte das Gefühl, dass sie sich gut verstehen.

Ich rufe sie an und erkläre ihr unsere Lage. Sie lässt sich nicht eine Sekunde lang bitten: »Welchen Zug soll ich nehmen?«

Zum Schluss sieht der Plan so aus: Ich muss um 11:00 Uhr aus dem Haus, Marc hat aber noch ein Meeting bis 13:30 Uhr, das er auch nicht verschieben kann. Valentin übernimmt bis 13:45 Uhr, er muss erst abends weg. Dann kommt Marc nach Hause und um 15:15 Uhr kommt meine Schwiegermutter. Marc wird versuchen, zu Hause zu arbeiten, muss aber um 18 Uhr noch einmal kurz zu einem Meeting und ist dann um 20 Uhr wieder da. Puh, jetzt darf nur kein Zug Verspätung haben und keine Meetings dürfen verschoben werden.

Der Plan beruhigt mich. Und dann traut es sich langsam um die Ecke, das wohlige Gefühl. Ganz leise klopft es an, ob es sich zeigen darf. Mein schlechtes Muttergewissen will es gleich wieder nach Hause schicken, aber zum Glück kommt es trotzdem raus und tanzt vor Freude über diese genau getaktete Zeitchoreographie, die einer Sasha Waltz würdig wäre.

Der Punkt ist: Ich liebe meinen Job. Ohne meinen Job bin ich nicht komplett. Er füllt mich aus, er macht mich glücklich. Und ich liebe meinen Sohn. Ohne meinen Sohn kann ich mir mein Leben nicht mehr vorstellen. Die Prioritäten haben sich ohne Frage verschoben. Und ich habe gerade keine Ahnung, wie ich das alles unter einen Hut bekommen soll und mir dabei selbst gerecht bleibe.

Noch beschwert er sich ja nicht, dass ich weggehe. Für meinen Einjährigen bin ich ein Rockstar. Er vergöttert mich und beschwert sich (noch) nicht, dass ich drei Tage lang unterwegs bin. Aber was wird sein, wenn er sechs oder sieben Jahre alt ist? Wenn er begreift, dass drei Tage von Montag bis Mittwoch bedeutet, am Dienstag aber eine Faschingsparty stattfindet, die ich dann verpasse? Zur Vorfreude auf meinen heiß ersehnten ersten Job gesellt sich ein sonderbarer Beigeschmack. Ganz klar, ich muss mich besser organisieren und endlich einen zuverlässigen Babysitter finden. Aber gibt es auch einen Babysitter für mein schlechtes Muttergewissen? Ich befürchte, nicht. Ich befürchte, damit werde ich allein zurechtkommen müssen.

9. März,
15 Monate

Pimp my *Lebenslauf*

»Oh Gott, ist das süß!«, schwärme ich. Ich stehe neben einer anderen Frau vor einer kleinen Kita in unserer Nachbarschaft und wir glotzen durch die Fensterscheiben. Drinnen sitzen sechs unfassbar niedliche Kinder im Alter von zwei bis fünf an einem zauberhaft dekorierten Tisch und essen geschnittene Apfelstückchen. Das Bild könnte auch in einem Sarah-Kay-Stickeralbum kleben. Man will sich sofort dazusetzen.

Die Frau neben mir nickt nervös: »Ja, mein Sohn war da letzten Samstag zum Vorspielen.«

Ich schaue sie irritiert an. Ich muss mich verhört haben. »Zum was?«, hake ich nach.

»Zum Vorspielen«, wiederholt sie und dann erzählt sie ganz aufgeregt weiter: »Ja, mein Leon sollte mit einem Jungen zusammen spielen, der da schon einen Platz hat, damit die sehen, wie er spielt und ob die sich verstehen.«

Fassungslos starre ich sie an. Das kann nicht ihr Ernst sein.

Sie übersieht mein verdutztes Gesicht und redet wie ein Wasserfall weiter: »Ja, und dann haben die gesagt, sie würden sich am Montag melden. Aber heute ist ja schon Dienstag und es kam noch kein Anruf. Und ich brauche so dringend einen Platz! Ich muss doch nächsten Monat wieder anfangen zu arbeiten. Ich hab schon alles versucht. Meinst du, ich sollte jetzt einfach mal klingeln und nachfragen? Oder glaubst du, ich nerve die, und dann krieg ich den Platz erst recht nicht? Aber, der Leon hat echt gut gespielt. Und mein Mann hat auch angeboten, dass er jeden Donnerstag kocht. Außerdem kann der ganz gut Querflöte.«

Was? Wie? Kochen? Querflöte? Hä? Vorspielen?? Ich bin sprachlos. Am liebsten möchte ich die Frau mit zu mir nach Hause nehmen und ihr eine heiße Schokolade mit extra viel Sahne machen. Am besten mit einem Schuss Rum. Vorsprechen für einen Kindergartenplatz? Geht's noch? Und dann muss man als Eltern auch noch am besten Querflöte können oder Flickflack, um seine Chancen zu erhöhen? Ich will gerade zu einer kämpferischen Jeanne-d'Arc-Rede ansetzen, da sagt sie: »Ich klingle da jetzt einfach. Wünsch mir Glück.«

Sagt's und drückt todesmutig auf die Klingel.

»Toi, toi, toi!«, rufe ich ihr noch schnell hinterher und gehe weiter. Ich stehe unter Schock. Ehrlich gesagt steht diese Kita auf meiner Kita-Wunschliste ganz oben und ich hatte auch schon eine Bewerbung an die geschrieben.

Seit Tagen laufe ich mit Sam durch unsere Nachbarschaft und schaue mich nach Kindertagesstätten um. Ich hatte die naive

Vorstellung, dass es – aus der bayrischen Kita- und Kindergartenplatzhölle kommend – ein Klacks sein würde, in Berlin einen Platz zu finden. Das Gegenteil ist der Fall.

Aus einer der Kitas sehe ich regelmäßig Scharen von Frauen mit Kinderwagen rauskommen. Ob die da wohl auch Kurse anbieten? Auf Nachfrage erfahre ich, dass die Mütter dort jeden ersten Donnerstag wegen eines Platzes vorstellig werden.

»Da musst du regelmäßig hin, damit die sehen, dass du es auch ernst meinst«, erzählt mir eine Mutter zögernd. Ich bin ja schließlich eine potenzielle Konkurrenz. Als sie allerdings hört, dass ich allen Ernstes für dieses Jahr, also am liebsten für diesen Monat, einen Kitaplatz suche, hellt sich ihre Miene auf: »Keine Chance!«, lacht sie mir fast erleichtert ins Gesicht.

»Seit meinem dritten Schwangerschaftsmonat gehe ich hier regelmäßig hin und ich stehe immer noch auf der Warteliste.«

Dass meine Chancen gen null laufen, bestätigt mir dann auch die nette Mitarbeiterin der Kita, die dreimal nachfragt, ob ich wirklich dieses Jahr, also DIESES Jahr meine? Aber ja doch, wiederhole ich. Sam hängt währenddessen an der Glastür, die zu einem Kindergartenraum führt, und versucht reinzukommen. Es bricht mir fast das Herz, dass er da nicht reindarf. Nein, Schatz, wir dürfen nicht mitspielen.

Den Satz »Ich kann Ihnen da wirklich gar keine Hoffnungen machen« höre ich unzählige Male. Oder auch: »Das können Sie vergessen. Vielleicht, aber auch wirklich nur vielleicht gibt es eine Chance im übernächsten Sommer.«

Nach meiner gruseligen Begegnung mit der Vorspiel-Mutter gehe ich erst mal einkaufen. Vor der Käsetheke treffe ich sie wieder.

»Wie ist es gelaufen?«, frage ich.

Sie steht mit ihrem eingepackten Käse vor mir und bricht in Tränen aus: »Die … die … die … haben sich … für jemanden an… an… anderen … ent… ent… schieden«, schluchzt sie.

Sie steht wie ein Häuflein Elend vor mir. »Was mache ich denn jetzt? Ich muss doch arbeiten.«

Ich umarme diese wildfremde Mutter und sie schluchzt weiter in meine Jacke. Wenn Hilly jetzt hier wäre, dann hätte sie die Frau wahrscheinlich bereits adoptiert und ihr eine flammende Rede über Was-weiß-ich gehalten. Aber ich bin selbst so schockiert.

Warum lassen wir uns das eigentlich gefallen? Warum gehen nicht alle Mütter auf die Straße? Während die Franzosen wegen jedem Parkschild, das ihnen nicht gefällt, eine Riesendemo auf die Beine stellen, heulen wir vor der Käsetheke und lernen lieber mit Ende dreißig noch Saltospringen, um es den Verantwortlichen der Kitas recht zu machen. Das Ding ist, als frischgebackene Mutter ist man so mürbemüde, dass man froh ist, wenn man den Tag übersteht. Ich selber gebe mir innerlich High Five, wenn tatsächlich frische Milch im Kühlschrank steht und es nur noch drei Wäscheberge und nicht mehr fünf sind. Aber wenn ich schon an Milch und Wäsche scheitere, wie soll ich denn da eine Demo organisieren? Ich befürchte, genau darauf baut die Politik. Dass wir Mütter zu müde sind, um uns zu wehren.

Am Abend bekomme ich eine E-Mail von der Kita, vor der ich morgens stand:

»Liebe Lucia,
Danke für dein Bewerbung. Leider können wir deinem Sohn Sebastian keinen Platz anbieten. Wir haben eine lange Wartenliste, da können wir Luis aber gerne daraufsetzen. Versprechen können wir nichts. Bitte melde dich nicht bei uns, wir melden uns bei dir, wenn ein Platz frei sein sollte.

Viele Grüße
Achim«

Jetzt mal ganz ehrlich, diese E-Mail ist ein einziger Fehlerhaufen, und in so eine Institution soll ich Sam geben? Vielleicht sollten die eher mal bei uns vorsprechen, bevor ich denen das Wertvollste in meinem Leben anvertraue. Ich bin zwar zu müde, um eine Demo zu organisieren, aber ich muss das ganze Kitathema anders angehen. Nur wie? Vielleicht sollte ich mal Hilly fragen. Die hat immer die besten Ideen, wenn es darum geht, die Dinge mal ganz anders anzugehen.

23. März,
16 Monate

Babysitter-CASTING

Ich brauche dringend einen Babysitter. Aber woher nehmen, wenn nicht stehlen? Ich höre mich im Freundeskreis und bei Nachbarn um. Die besten sind total ausgebucht und werden gehütet wie ein kostbarer Diamant. Muss ich etwa ein Casting veranstalten? Ich surfe mich durch die verschiedenen Onlineportale, die Babysitter vermitteln. Ich finde drei Kandidatinnen, die auf den Fotos ganz nett aussehen und wenigstens schon mal was mit Kindern zu tun gehabt haben. Ich verabrede mich mit den drei Ladys im Kindercafé.

Kandidatin 1 ist eine ausgebildete Kinderärztin aus Australien. Das hört sich für eine Babysitterin völlig überqualifiziert an. Aber das ist ja nicht mein Problem. Als aber Kandidatin 1 das Café betritt, muss ich dreimal hinschauen, bis ich eine Ähnlichkeit zu dem hübschen Foto auf dem Portal entdecke. Während ich eine zarte rothaarige Elfe à la Pipi Langstrumpf erwarte habe, steht vor mir ein echtes Mannsweib mit schlechter Laune. Ich bemühe mich, eine nette Konversation zu starten, aber sie kommt ziemlich schnell auf den Punkt: »Isch bin totaal pleite, ich brauche driingend Job.«

Ja, ich kenne das Gefühl von Ebbe auf dem Konto, aber glaubt sie allen Ernstes, dass sie mit diesem Argument den Job bekommt? Sie würdigt Sam keines Blickes. Klare Sache, die kommt schon mal nicht zum Recall.

Kandidatin 2 ist eine ältere Dame aus Bulgarien, die selber drei eigene Kinder hat und seit zehn Jahren als Kindermädchen arbeitet. Sie will etwas kürzertreten und so ein unregelmäßiger Babysitterjob wäre ideal für sie. Sie ist so eine richtige Oma, so weich und knuddelig, dass ich mich am liebsten sofort an ihren riesigen Busen werfen möchte. Aber hinter der weichen Schale steckt ein harter Kern.

»Wo iiise Saam?«, gurrt sie, und als ich auf Sam zeige, der im Bällebad gerade einen Ball sauberleckt, springt sie auf: »Oi, wiee süüüüs, aber nein mein Saaamy, das darfst du nicht machen. Nicht Bälle läcken, da kriegst du Bauchweh, mein süßer Samy, meine Goldstück, meine Täubchen!«

Sie hat ihn auf dem Arm und küsst ihn ab. Sam weiß gar nicht, wie ihm geschieht, und schaut irritiert in meine Richtung. Sie setzt sich vor mich, mit Sam auf ihrem Schoß (»Der isst schwer! Das isse gut!«), und fängt an, mir ihre Regeln zu erklären.

»Luuciie«, legt sie los, »ist gaanz wichtig, dass Kind feste Struktur hat. Immer zur selbe Zeit esse, immer zu selbe Zeit

schlafe und nicht verhätscheln. Kind muss auch mal schrei-
en, das ist nicht schliemm. Und ich helfe dir auch mit deine Haushalt. Ist wiiichtig das Haushalt sauber is, sonst rennt
Mann weg.«

Oh Gott, ich habe Angst. Die übernimmt ratzfatz mein Leben, meine Ehe, meinen Sohn, und irgendwann ist das Tür-
schloss ausgewechselt. Es ist allerdings irrsinnig verlockend,
dass sie mir auch im Haushalt helfen will. Alle meine Freundinnen schimpfen immer über ihre Babysitter, die ein größeres
Chaos verursachen als die eigenen Kinder (O-Ton Raffaella:
»Die ist wie ein zweites Kind, nur leider schon in der Puber-
tät und mit Messie-Potenzial!«). Aber ich fühle mich leider an
die Mutter meines ersten festen Freundes erinnert, die bei ihrem Besuch ungefragt unsere Küche mit den Worten komplett
neu sortierte: »So sieht doch keine Küche aus, Lucie, hier findet man ja nix!« Ich habe leichte Atemnot.

»Wann kanne ich anfange?«, ist ihre Abschlussfrage.

»Ähhh, ich muss das erst mit meinem Mann besprechen«,
winde ich mich heraus.

Als sie weggegangen ist, gehe ich erst mal zum Bällebad und
lecke einen Ball ab. Nur um mein Territorium wieder zu übernehmen.

Auf Kandidatin 3 warte ich vergebens. Sam ist schon in meinem Arm eingeschlafen. Verflucht. Diese Aktion war nicht gerade von Erfolg gekrönt. Während ich überlege, was ich als
Nächstes tun werde, sehe ich eine junge Mutter. Sie spielt ganz

entzückend mit ihrem Kind. Genau so eine will ich. Ich spitze meine Ohren und höre ein: »Lass uns mal nach Hause zu Mama gehen.«

Warte mal, das ist ja gar nicht die Mutter, das ist eine Babysitterin! »Los, Lucie«, denke ich, »abwerben!«

Ich lege den schlafenden Sam schnell auf die Bank und gehe zu ihr.

»Du, sag mal, du bist Babysitterin, oder?«, frage ich sie überfreundlich.

»Ja«, lächelt sie mich an.

»Wie schön, ähm, ich suche nämlich für meinen ganz süßen Sohn eine Babysitterin. Hast du noch Zeit?«, flöte ich weiter und die Engelchen spielen Harfe dazu.

»Äh, ja, ein bisschen Zeit habe ich schon noch, aber ich bin ziemlich oft bei dieser Familie.«

»Hmm«, ich tue total verständnisvoll, »ja klar, also ich brauche auch gar nicht so oft eine Babysitterin. Sam ist wirklich total süß, komm doch mal vorbei, wenn er wach ist.«

Ich spüre ihre Irritation. Aber ich kann jetzt nicht lockerlassen. Ich habe mich dummerweise wie ein Pitbull festgebissen und kriege den Kiefer nicht mehr auf.

»Ich gebe dir meine Telefonnummer, dann kannst du mich ja mal anrufen, okay?«

Sie nickt. Ich schreibe ihr die Nummer auf, während sie das Kind anzieht, um nach Hause zu gehen.

»Rufst du auch wirklich an?«, frage ich wie nach einem One-Night-Stand, obwohl beide Parteien eigentlich schon längst wissen, dass man sich nie wiedersehen wird. Sie nickt erneut und steckt höflich den Zettel ein. Wir verabschieden uns, und als sie aus der Tür geht, entfährt mir ein letztes Mal: »Ruf an, ja??«

»Das war zu viel, Lucie«, schimpfe ich mit mir.

Scheiße. Und jetzt? Ich packe Sam in den Kinderwagen und gehe nach Hause.

Kita-Dschungel

Zurück auf Los. Anscheinend muss ich das Kita-Thema anders angehen. Es bringt mir nichts, übermüdet zu Hause zu sitzen und zu schmollen. Ich brauche einen Kitaplatz, und zwar JETZT. Ich gehe meine Kita-Wunschliste noch einmal durch.

»Fokussiere dich, Lucie«, sage ich mir, »19 sind zu viel. Kreise den Gegner ein!«

Ich streiche alle durch, die mir zu weit weg sind oder mir E-Mails mit zu vielen Rechtschreibfehlern geschickt haben. Da waren es nur noch vier.

»Okay«, denke ich, »die laufe ich jetzt ab und umzingle mein Zielobjekt.«

Internationale Kita

Schon auf den ersten Blick war das sofort mein Favorit.

Die Räume sind wunderschön designt. Alles ist bio: das Essen, die Möbel, die Seife, die Stifte und sogar der PVC-Boden.

Gibt es eigentlich Bio-PVC? Egal. Es werden Yogakurse angeboten, damit die Kleinen schon früh lernen, sich zu entspannen. Und Englisch ist die Amtssprache (für uns geradezu ideal, weil Familiensprache ja Denglish ist). Später kann man noch Chinesisch dazuwählen.

Im großen Garten, der zur Kita gehört, ist ein Hasenstall. Es gibt kleine Ateliers für die kommenden Picassos und die kleinen Baryshnikovs werden in Tanzkursen gefördert. Dazu gibt es noch Judo und eine eigene Bibliothek! OMG, kann man sich hier auch mit 38 noch anmelden? Ich hätte auch so gerne ein eigenes Atelier. Hasen brauche ich jetzt nicht so unbedingt, aber das Bio-Essen und die Yogakurse würde ich sehr gerne buchen.

Der ganze Spaß kostet natürlich auch eine Stange Geld, aber man will ja nicht an der Bildung seines Kindes sparen. Das rächt sich doch bestimmt später! Nicht dass Sam nachher die Schule abbricht und Straßenmaler wird, nur weil wir zu geizig bei seiner Ausbildung waren.

Beim zweiten Blick komme ich ins Grübeln. Brauchen Eineinhalbjährige schon Yoga? Bei diesem dichten Stundenplan, der mich schon beim Durchlesen in Hektik versetzt, wahrscheinlich schon.

Sam hat gerade erst seinen großen Zeh entdeckt. Egal, wo er ist, er zieht seine Strümpfe aus und untersucht ihn. Das geht jetzt seit drei Wochen so und es ist kein Ende in Sicht. Reicht das nicht als Programmpunkt des Tages? Ich meine, er hat ja noch neun andere Zehen. Also, alleine die Erkundungsreise seiner Füße kann locker noch drei Monate andauern. Und dann muss er ja auch noch richtig laufen lernen, reden, selber essen und dabei bitte noch einen Meter wachsen. Und was, wenn er plötzlich nur noch Chinesisch redet und wir kein Wort verstehen? Weltsprache hin oder her. Dazu kommt noch, dass alle Mütter so unglaublich stylisch aussehen. Wie viel Zeit planen die denn für ihr eigenes Outfit ein, bevor die ihre Kinder morgens in die Kita bringen? Ich weiß nicht, ob ich diesen Wettbewerb aushalten kann. Ich kriege ja schon Schweißausbrüche, wenn ich an den Aufwand denke. Und dann bekomme ich ja noch weniger Schlaf. Aus gesundheitlichen Gründen meinerseits und finanziellen Gründen unsererseits (Für die Kitagebühr kann ich mir jeden Monat drei Paar Schuhe von Manolo Blahnik kaufen oder zwölf Abende Babysitter zahlen, um mit Marc richtig lecker essen zu gehen.), streiche ich die Kita von der Liste. Mein Burn-out ist hier vorprogrammiert.

Großraum-Kita

Leider gibt es vorerst keine zweite Möglichkeit, sich diese Kita nochmal anzuschauen. An der Tür hängt ein Schild: »Achtung, Scharlach! Bitte nicht eintreten!«

Ich fange an der Tür eine Erzieherin ab: »Es tut mir leid, aber der nächste Tag der offenen Tür ist erst wieder in sechs Monaten. Die Warteliste ist aber schon voll. Und um ehrlich zu sein, wir sind gerade total unterbesetzt. Eine Erzieherin ist krank und die Praktikantin auch.«

Das sind bei 20 Kindern in der Gruppe und sowieso nur zwei Erzieherinnen mit einer Praktikantin echt keine guten Aussichten. Ich schaue Sam an, der zurzeit am liebsten auf dem Arm kuschelt, und mir wird ganz schlecht. Wenn es einen Kita-Gott gibt, dann lass mich bitte eine andere Möglichkeit finden! Ich muss gleich irgendwo eine Kerze anzünden gehen.

Die Park-Kita

Durch Zufall habe ich bei uns in der Nähe einen kleinen versteckten Park entdeckt. Direkt am Park befindet sich eine Kita. Die Kinder können also, ohne eine Straße überqueren zu müssen, in den Park laufen und verbringen bei Wind und Wetter den ganzen Tag draußen. Das klingt ja großartig. Das soll doch das Immunsystem stärken und außerdem ist das gut für die Entwicklung. Oder wie meine Freundin Raffaella immer sagt: »Das ist ideal für die Erdung der Kinder!«

Also, Chinesisch lernt er hier nicht, aber dafür weiß er dann, wie ein Marienkäfer aussieht, und dank des kleinen Gemüsegartens lernt er, dass Tomaten nicht in der Gemüseabteilung vom Supermarkt wachsen, sondern am Strauch.

Ich gehe also ein zweites Mal dorthin, um mal meine Chancen abzuchecken. Eine Bewerbung habe ich ja schon geschrieben. Die Gruppe spielt im Park und ich gehe auf den Erzieher zu. Er ist zunächst auch ganz freundlich. »Kennt ihr denn jemanden aus der Kita?«, fragt er interessiert.

Nee, denn wir sind ja gerade erst aus München gekommen.

»Ach so, hmm, und was macht ihr so beruflich?«

»Ja, also ich bin Moderatorin und mein Mann Marc macht so in Werbung.«

»Hmm, und seid ihr irgendwie handwerklich begabt? Oder habt ihr Erfahrung mit Gartenarbeit?«

De facto überlebt bei uns keine Pflanze, es sei denn, eine der Omas leistet Erste Hilfe. Und wenn es darum geht, einen Nagel in die Wand zu schlagen, kriegen wir uns in die Haare. Marc findet mich kleinlich, wenn ich darauf bestehe, dass die Gardinenstange wirklich gerade sein muss.

»Ja, klar«, lüge ich, anscheinend aber nicht überzeugend genug.

»Wirklich?«, hakt der Erzieher nach.

Wahrscheinlich hat man als Erzieher so seine Erfahrung mit Eltern, die alles tun, um in die Kita zu kommen, dass er meine Lüge schon riechen konnte, bevor ich sie ausgesprochen habe.

»Naja, also die Omas haben beide total grüne Daumen und mein Bruder ist handwerklich ein Ass! Der baut euch die ganze Kita um. Und das sind dann ja schon sechs helfende Hände. Plus, dass ich gut dekorieren kann und mein Mann wirklich gut kocht!«

Er schaut mich mitleidig an. »Ganz ehrlich: Verlass dich nicht auf den Platz hier. Das hier ist ja eine Elterninitiative und die Eltern lassen eigentlich immer nur Freunde noch dazu. Und wenn man nicht Gärtner oder Handwerker ist, dann kannst du es total vergessen.«

Nur Freunde und Verwandte, pah! Die inzestuöse Park-Kita ist also auch von der Liste gestrichen.

Verflucht, wären wir nur nicht solche Medienfuzzis geworden, sondern hätten mal einen anständigen Beruf erlernt.

Die Waldorf-Kita

Die Kita hat einen großartigen Ruf, aber als ich Raffaella erzähle, dass ich da mein Glück versuchen will, lacht sie mir schallend ins Gesicht: »Lucie, ganz ehrlich, wenn du dort nicht die letzten Jahre fleißig beim Weihnachtsbasar mitgeholfen hast und regelmäßig zum Filzen hingehst, dann hast du keine Chance.«

Aber ich will mich nicht davon abbringen lassen.

»Na, dann geh hin«, lacht Raffaella, »aber mach wenigstens deinen Glitzernagellack ab.«

Das Gebäude ist schön, aber tatsächlich ist Sam das einzige Kind, das kein selbstgestricktes Jäckchen trägt, sondern ein bunt bedrucktes T-Shirt mit der Aufschrift: *My world needs your love.* Gespielt wird nur mit Kastanien und Hölzern aus dem Garten, was jetzt ja nicht schlimm ist, aber mir schnürt es den Hals zu, weil nix anderes erlaubt scheint. Das Ganze wirkt so dogmatisch und freudlos, dass ich am liebsten sofort anfangen möchte, einen Striptease auf dem naturbelassenen Holztisch hinzulegen, nur um irgendeinen Kontrast zu setzen. Das ist nicht meine Welt.

Jetzt wird es eng. Wenn man kein Zielobjekt mehr hat, kann man es auch nicht umzingeln. Ich laufe durch unseren Kiez zurück nach Hause, während Sam im Kinderwagen sitzt und Löcher in die Luft starrt. Was soll ich nur machen?

Da komme ich an einem Kitaschild vorbei, das mir bis dato noch gar nicht aufgefallen war. Es ist eine kleine Kita im Hinterhof. Ich klingle einfach und es macht mir ein Erzieher auf. Es ist eine kleine Hippie-Kita, mit nur 15 Kindern, zwei Erziehern und einer Praktikantin. Die sehr angenehme Leiterin erklärt mir auch gleich das Konzept: »Die Kinder sollen erst mal wachsen und lernen, wie man miteinander umgeht und warum im Herbst die Blätter von den Bäumen fallen. Wir finden, das reicht.«

Wow, *keep it simple*, das geht auch? Kein pädagogischer, dreimal durchdachter chinesischer Überbau mit Yogaelementen? Irgendwie fühlt sich das gut an.

»Und wie sieht es so mit Plätzen aus?«, frage ich.

»Puh, das ist wirklich gruselig in Berlin Mitte und Prenzlauer Berg. Wir haben 240 Kinder auf der Warteliste. Viele haben sich natürlich auch noch bei zehn anderen Kitas angemeldet, aber es sind schon noch einige vor euch dran.«

»Muss ich denn gärtnern, handwerken, Didgeridoo spielen oder Samba tanzen können?«

»Nö.«

Verflucht, verflucht, verflucht. Ich will in diese Kita! Während ich Sam im Kinderwagen nach Hause schiebe, schalte ich auf Amazonenmodus um. Das Zielobjekt ist gefunden und umzingelt. Jetzt muss nur noch ein Schlachtplan her.

28. April,
17 Monate

Putzen für die Putzfrau

Durch Zufall entdecke ich in einem Kinderklamottenladen einen Aushang: »Babysitter sucht Familie – Mein Name ist Josefina, und ich bin liebevoll und achtsam im Umgang mit Ihren Kindern.«

Daneben stehen die Telefonnummer und ein Bild von einer wahnsinnig hübschen Josefina, die in die Kamera lacht. Es ist wie ein Wink des Schicksals. Ich lese den Aushang und die Welt um mich herum erscheint plötzlich in einem zartrosafarbenen Licht voller Perspektiven: Ich sehe mich abends mit Marc essen gehen, mal wieder auf sexy High Heels in eine Bar staksen und Karaoke singen oder einfach ungestört in eine Ausstellung meiner Wahl gehen.

Ich will diese Josefina! Sobald ich aus dem Laden bin, zücke ich mit zitternden Fingern das Handy. Ich habe ein Kribbeln auf der Kopfhaut und das ist immer ein untrügliches Zeichen für »Hier passiert gerade etwas Gutes!«.

Ich erreiche sie auch sofort. »Ja, klar, ich kann gerne in einer Stunde bei euch sein und dann könnt ihr mich ja mal kennenlernen.«

Okay, jetzt keinen Fehler machen, Lucie! Während ich mit Sam im Kinderwagen nach Hause jogge, wird er vorsorglich gebrieft: »Sam, das ist jetzt unsere Chance. Okay, ich gebe zu, mehr meine Chance als deine, aber wenn du nicht willst, dass deine Mama völlig am Rad dreht, dann zeigst du dich gleich von deiner absoluten Schokoladenseite. Das heißt lustig quietschen, auf ihren Arm krabbeln und einfach lächeln. Ok? Lächeln, lächeln, lächeln! Den Rest übernehme ich.«

Als Erstes muss ich die Wohnung aufräumen. Und danach mich. Denn, das habe ich zum Glück mal aus einer Werbung für Schuppenshampoo erfahren: *You never have a second chance to make a first impression!* Josefina sieht auf dem Bild aus wie Aschenputtel und ich möchte daneben nicht wie die chaotische Großmutter aussehen. Und wenn sie nur halb so schnell ein Urteil über ihr Gegenüber fällt wie ich, dann muss ich gut vorbereitet sein.

Zu Hause angekommen, setze ich Sam in seinen Hochstuhl und fange an, wie Jeannie aus der Flasche durch die Wohnung zu fliegen. Sams Spielzeug fliegt unsortiert unters Bett, die Berge von frischer, aber nicht zusammengelegter und eingeräumter Wäsche wandern einfach wieder in den Korb für die Dreckwäsche und die leeren Wein-, Bier- und Wasserflaschen verstecke ich wie ein Alki unter der Spüle. Ich wirble durch die Wohnung, als ob ich gleich ein heißes Date erwarte. Hilly ruft an und hört mich durch die Wohnung hechten.

»Was machst du da gerade, bitte?«, fragt sie leicht irritiert.

»Na, wir haben gleich ein Babysitter-Vorstellungsgespräch und ich räume auf!«

»Ach, verstehe: Putzen für die Putzfrau!«, lacht sie und legt auf.

Ja, so ist es. Wobei sich das bei mir noch in Grenzen hält. Ich räume auf, bevor die Putzfrau kommt, aber Raffaella putzt VOR, oder wenn es ganz hart kommt, dann putzt sie MIT. Dagegen bin ich geradezu lässig.

Während ich staubsauge, wische ich dem motzenden Sam mit einem nassen Waschlappen übers Gesicht. Ich putze mir die Zähne und dabei gleichzeitig das Waschbecken. Ich will, dass sie einen top Eindruck von uns bekommt, dass sie sich nichts sehnlicher wünscht, als für diese tolle, saubere und aufgeräumte Bilderbuchfamilie zu arbeiten. Ich habe gerade die letzten Staubflusen eingesammelt und noch schnell meine Haare gekämmt, da klingelt es an der Tür. Ich hole einmal tief Luft und schließe den oberen Knopf meiner Bluse.

»Bist du bereit?«, frage ich Sam, der an seinem Stofflöwen lutscht.

Ich öffne die Tür und vor mir steht Josefina und lächelt mich an. Sie ist noch viel hübscher als auf dem Foto. Ist das gut oder schlecht? Irgendwo habe ich mal gelesen, dass man nicht zu hübsche Babysitter engagieren sollte. Ich meine, Jude Law hatte ja trotz seiner wunderschönen Freundin Sienna Miller eine Affäre mit dem Kindermädchen. Und ist Donald Trump nicht auch mit dem hübschen, 20 Jahre jüngeren Kindermädchen durchgebrannt? Egal, egal, egal, für solche Gedanken habe ich jetzt keine Zeit. Notfalls kriegt Marc sie einfach nie zu Gesicht.

»Ich bin Josefina«, stellt sie sich vor und schaut auf Sam. »Oh Gott, ist der süß!«

In dem Moment donnert es ohrenbetäubend in Sams Windeln. Sam tut so, als sei nichts vorgefallen, quietscht glücklich und greift nach Josefinas goldenen Haaren. Mit so einer Begrüßung kommt man auch nur durch, wenn man fünfzehn Monate alt ist. Josefina lacht und man merkt sofort: Die beiden verstehen sich.

Während ich die Windel wechsle, schäkert Sam mit Josefina, die sich von dem Inhalt der Windel nicht weiter berührt zeigt. Wir setzen uns aufs Sofa, während ich versuche, heimlich meine Zigaretten unters Sofakissen zu schieben. Nicht dass Josefina denkt, das sei ein Raucherhaushalt.

Aber sie hat sowieso nur Augen für Sam. Und Sam für sie. Wenn er könnte, würde er wahrscheinlich auf Händen durch die Wohnung laufen, aber auch so nutzt er seine beschränkten Mittel voll aus. Er hangelt sich zu ihr und bietet ihr seinen vollgesabberten Stofflöwen an. Er lacht und zeigt seine vier Zähne und lutscht an ihren Händen. Sie ist entzückt. »Ich würde total gerne auf ihn aufpassen«, sagt sie ganz verträumt. »Du hast den Job«, sage ich mit Tränen in den Augen. Und während die beiden wortlos Pläne schmieden, zusammen in den Sonnenuntergang zu reiten, fallen mir Zentnersteine von den Schultern. Endlich eine richtige Unterstützung. »Hast du jetzt Zeit? Ich meine JETZT?«, frage ich sie mit einem leichten Zittern in der Stimme. Sie nickt.

6. Mai,
17 Monate

Die Überforderung eines Lottogewinners

»Euer Sohn Sam kann ab Mitte des kommenden Monats einen
Platz bei uns haben«, höre ich die nette Leiterin der Kita sagen.

Wie bitte? Mir fällt fast das Telefon aus der Hand. Ich kann
was?? Ist das ein Traum? Nein, ich sitze ganz wach auf einer
Spielplatzbank und spiele mit den Füßen im Sand.

Nach meiner letzten desaströsen Kita-Besichtigungsrunde
hatte ich mein Ziel zwar vor Augen, aber keinen blassen Schimmer, wie ich es erreichen sollte.

Die Bewerbung, die ich meinem Objekt der Begierde geschickt hatte, glich einer Bewerbungsmappe für die berühm-
teste Kunstakademie der Welt. Ich hatte nichts dem Zufall
überlassen. Das Papier war handgeschöpft und natürlich re-
cycelt (das sollte meine Kreativität und mein Bewusstsein für
die Umwelt unterstreichen). Ich hatte mit meinem alten Füller
geschrieben (Sinn für Tradition und Wertschätzung der alten
Schreibmittel sollten hier sichtbar werden). Bei der Beschrei-

bung von Marc und mir hatte ich versucht, ein gutes Maß zu finden zwischen »richtig auf die Kacke hauend« und »lässig, bodenständig und normal wirkend«. Sam hatte ich ebenfalls versucht, in den glorreichsten Farben zu beschreiben (»zauberhaft, lieb, sozial, kreativ«), ohne dabei aber wie eine verstrahlte Mutter zu klingen (»Er ist stur und manchmal auch sehr laut«). Zu guter Letzt hatte ich Sam einen Buntstift in die Hand gedrückt, mit den Worten: »Verschönere doch mal bitte den Brief! Wir setzen hier alles auf eine Karte! Also, vermal dich nicht!« Sam fühlte sich an dem Tag nicht inspiriert, darum habe ich das Malen übernommen. Gar nicht so leicht, tiefeninspiriertes Krickelkrakel eines Eineinhalbjährigen zu imitieren.

Als ich Marc am Abend unser Meisterwerk zeigte, war er etwas überfordert: »Meinst du nicht, du übertreibst etwas, Lucie? Ich meine, wir bewerben uns doch hier nicht an der Sorbonne!« »Du hast ja keine Ahnung«, fauchte ich ihn an und hielt ihm den Füller hin: »Unterschreib hier, aber bitte in deiner schönsten Schrift, und wehe, du verschmierst irgendwas!« Er fügte sich.

Am nächsten Tag rief ich Hilly an und fragte, ob sie mir bitte Tarotkarten legen kann, damit ich einen guten Zeitpunkt erwische, um den Brief abzuschicken. Einen Tag später um 14:47 Uhr ging das Meisterwerk dann mit den besten Wünschen in die Post. »So, und jetzt musst du den Wunsch loslassen«, erklärte mir Hilly, »wenn du daran festhältst, dann passiert nichts.«

Und jetzt hab ich den Platz. Wahnsinn. Oh Gott, das ging aber fix. Jetzt soll dieser kleine Mann ein Kitakind werden? Mir wird ganz mulmig.

»Das ist ja Wahnsinn«, stottere ich ins Telefon, »wie kam denn das jetzt so schnell?«

»Ein Junge, der genauso alt wie Sam ist, geht ganz überraschend. Und irgendwie passte es ... und der Brief war auch wirklich hübsch ...«

Der Brief also! Ich klopfe mir selbst auf die Schulter.

»Das darf man aber auch niemandem erzählen, der auf der Warteliste steht ...«, denke ich.

»Komm doch morgen früh gleich im Büro vorbei, dann gebe ich dir alles mit, was du brauchst.«

Endlich habe ich mein Ziel erreicht und bin völlig überfordert damit. Sam sitzt in seinem Hochstuhl am Küchentisch und lutscht an seinen Malstiften. Er ist jetzt 18 Monate alt. Als ich mit ihm schwanger war, habe ich lauthals rumposaunt, dass er natürlich mit sechs Monaten in die Kita gehen würde. »Was soll schon sein?«, dachte ich damals. Jetzt beobachte ich, in welcher Ruhe er die Welt entdeckt, dass er schlafen kann, wenn er es braucht, und denke nur: »Oh, Scheiße, bin ICH eigentlich schon so weit?«

25. Mai,
18 Monate

Eingewöhnung Ü3 8

Vor Beginn der Eingewöhnung fahren wir eine Woche gemeinsam in den Urlaub. Und interessanterweise drängen sich bei aller Vorfreude über den Kitaplatz ständig Gedanken dazwischen
wie: »Jetzt schon? Darf ich das? Ist der nicht noch zu klein?«

Marc versteht die Welt nicht mehr: »Aber du hattest dir doch
nichts sehnlicher gewünscht!?« Wirklich nachvollziehen kann
ich diese Gedanken, die an mir nagen, ja eigentlich auch nicht.

Raffaella bringt es dann auf den Punkt: »Das ist dein schlechtes
Muttergewissen, Lucie. Das darf sich melden, dem darfst du aber
auch einen Platzverweis erteilen. Die viel interessantere Frage
ist doch: Warum meldet es sich? Meinst du, du darfst dich nicht
auf deine neue Freiheit freuen, oder bist du noch nicht so weit?«

Ich breche am Telefon sofort in Tränen aus.

Die Eingewöhnung fängt gleich nach dem Urlaub an. Die erste Woche läuft super. Während der Erzieher mir noch erklärt,

dass es völlig normal ist, wenn die Kleinen sich am Anfang noch nicht richtig trauen, ohne Mama in den Kitaräumen zu sein, läuft Sam sofort in den Gruppenraum der Großen.

»Gut, das Problem hat deiner nicht!«, kommentiert der Erzieher Sams Forschergeist.

Nach einer Woche darf ich schon zwei Stunden weg und renne los, um in diesem knappen Zeitfenster alle Einkäufe ohne Sam zu erledigen. Mein Laptop habe ich zur Sicherheit auch dabei. Nach den Einkäufen setze ich mich noch schnell ins Café und beantworte E-Mails. Alles erledigt, ich schaue hektisch auf die Uhr und sehe, dass ich noch eine ganze Stunde Zeit habe. Das ist ja krass. Wahnsinn, wie schnell ich alles erledigt habe ohne Sam. Was mache ich denn jetzt? Ich bin völlig überfordert. Ich sitze im Café wie auf heißen Kohlen und weiß nichts mit mir anzufangen. Die geschenkte freie Zeit lastet wie ein schwerer Fels – ach, was sage ich – wie ein Gebirgszug auf meinen Schultern und mein Hirn läuft heiß: WAS SOLL ICH MIT DER GANZEN ZEIT ANFANGEN?? Ich wollte doch immer so viele Sachen machen, wenn Sam in der Kita ist. Aber warte mal, was war das noch mal? In Ruhe ein Buch lesen, fällt mir wieder ein. Aber ich hab keins dabei.

»Lies doch einfach die GALA«, denke ich und greife nach der Zeitschrift, die auf dem Nachbartisch liegt. Nach zehn Minuten bin ich durch (man wird effizienter) und ich habe trotzdem noch 45 Minuten.

»Mach mal nix, Lucie«, denke ich, »starre doch einfach mal Löcher in die Luft, lass deine Gedanken schweifen …«

Das hört sich alles so toll an, aber de facto bin ich nur überfordert. Ich zahle meinen Kaffee und gehe um den Block. Aber ich habe vergessen, wie schlendern geht. Genau genommen renne ich eigentlich immer von A nach B. Ich weiß auch gar nichts mit meinen Händen anzufangen, die sind doch normalerweise auf dem Kinderwagengriff, oder ich habe eine kleine, verschmierte Hand in meiner. Ich fühle mich amputiert und wie ein Fremder in meiner eigenen Haut. Ich dachte, es würde alles ganz anders kommen. Ich dachte, ich würde Sam ganz schnell an die Kita gewöhnen und dann freudestrahlend meine High Heels auspacken, mir die Lippen rot malen und loslegen. Ich gebe zu, dass ich tatsächlich diese irre Phantasie hatte, ich würde praktisch übergangslos und vollkommen problemlos in mein altes Leben zurückkehren, trotz der Schmerzen, die ich hatte, als ich es verlassen musste.

»Das kann doch nicht dein Ernst sein, Lucie«, schelte ich mich erschrocken, als ich mir den Gedanken eingestehe.

So müssen sich Knackis fühlen, wenn sie nach ein paar Jahren wieder aus dem Knast kommen und gar nicht mehr wissen, wie man einkauft. Aber die haben dann ja wenigstens einen Bewährungshelfer, der bei der Wiedereingliederung hilft. So einen bräuchte ich jetzt auch. Ich bräuchte ein »Handbuch für Kita-Anfänger« und eine liebevolle Oma, die mich an die Hand nimmt. Ich bräuchte eine CD mit Mantren wie: »Es ist erlaubt, nix zu tun, auch wenn es befremdlich ist. Es ist erlaubt, überfordert zu sein und nur langsam in der neuen Lebensphase

›Allein mit ICH‹ anzukommen, ohne gleich in Euphorie auszubrechen.«

Ich fände es auch sinnvoll, wenn in diesem Handbuch Gutscheine für Massagen, Sauna, Maniküren und Pediküren kleben würden. Kein Friseurbesuch mit Kleinkind hat etwas mit Erholung zu tun, sondern man kann froh sein, wenn man nicht mit einem asymmetrischen Haarschnitt nach Hause geht, weil das Kind ab der Hälfte des Besuchs wie am Spieß gebrüllt und sich komplett vollgeschissen hat. Aber mir müsste jetzt jemand explizit die Erlaubnis geben, etwas ganz allein für mich zu tun. Ich selber schaffe es nicht, sie mir zu geben. Ich habe doch in den vergangenen Monaten nichts geleistet. Ich habe mich von meinem Mann aushalten lassen und bis auf ein paar Minijobs nur das Kind betreut. Das ist doch nichts. Das zählt doch nicht. Da erscheint doch keine große Zahl auf dem Konto, quasi als Beleg dafür, dass man den mit Sicherheit härtesten Job der Welt absolviert hat.

Ich stehe fünfzehn Minuten früher als verabredet wieder vor der Kitatür. Ich kann nicht mehr. Das ist mir zu viel. Ich brauche ein langsameres Tempo. Sam würdigt mich keines Blickes, als ich reinkomme.

»Also, morgen kann Sam gerne auch zum Mittagessen bleiben«, meint der Erzieher, »der fühlt sich hier einfach sauwohl.«

Schön für ihn, denke ich. Nur, was ist mit mir?

»Okay«, stottere ich, »ja, äh, schauen wir mal.«

Sam schläft sofort im Kinderwagen ein, während ich ihn heulend nach Hause schiebe.

10. Juni,
18 ½ Monate

Please fasten your seatbelts –
Eine normale Arbeitswoche mit Familie

Man gewöhnt sich ja an alles. Und manchmal schneller, als man denkt. Vor fünf Wochen stand ich noch heulend vor der Kita, heute haben wir schon (fast) normalen Kita-Alltag. Nach dem ersten Schock hatte ich mich bei Raffaella ausgeheult, die nur ganz trocken erwiderte: »Das war bei mir nicht anders, Lucie. Dann heule doch einfach eine Runde, und meine Erlaubnis für eine Massage hast du.«

»Wieso hast du mir denn nie erzählt, dass es dir bei der Eingewöhnung dreckig ging?«, fragte ich erstaunt.

»Weil du mir einen Vogel gezeigt hättest«, antwortete sie. »Man muss selber mal in so einer Situation gewesen sein, um es wenigstens im Ansatz zu verstehen.« Sie hat leider absolut recht.

Aber jetzt reicht irgendwie die Zeit nie, um alles zu erledigen. Sam geht gerne zur Kita. Er findet alles wahnsinnig spannend und kriegt gar nicht genug von seinen neuen Spielkameraden. Nur eins kommt für ihn gar nicht in Frage: in der Kita Mittagsschlaf machen. Beim ersten Versuch war er einfach eingeschlafen und die Erzieher und ich klatschten schon in die Hände: »Na, der ist ja wirklich ganz easy!«

Allerdings wachte er nach 30 Minuten auf und brüllte wie am Spieß. Als ich ihn eine halbe Stunde später abholte, brüllte er noch immer und eigentlich brüllte er bis auf kleine Unterbrechungen (um Luft zu holen) weiter, bis er abends völlig erledigt einschlief. Wir probierten es noch zweimal, aber jedes Mal schreckte er aus dem Schlaf, schrie und war nicht mehr zu beruhigen.

»Er ist auch noch ziemlich klein«, sagte der Erzieher.

Und auch wenn er es bestimmt nicht böse meinte, mein schlechtes Muttergewissen sprang sofort an: »Siehste, Lucie, zu früh abgegeben.«

Wir machten eine Pause mit dem Mittagsschlaf in der Kita und ich holte Sam einfach früher ab. Nach vierzehn Tagen probierten wir es noch mal. Sam reagierte wieder genauso. Er fand einfach keine Ruhe. Wach saugte er alles wie ein Schwamm in sich auf und war bester Laune. Aber Schlaf fand er dort nicht.

»Könnt ihr es denn so einrichten, dass ihr ihn mittags abholt?«, fragt uns der Erzieher.

»Ja, irgendwie schon.«

Und so laufen Marc, die Babysitterin oder – in 95 Prozent der Fälle – ich mittags zur Kita, packen Sam in den Kinderwagen und fahren mit ihm nach Hause. Meistens schläft er ein, bevor man ihn überhaupt im Kinderwagen angeschnallt hat. Zu Hause angekommen, kann man ihn problemlos umbetten und dann schläft er ruhig und zufrieden mindestens zwei, manchmal auch drei Stunden lang. Ich plane meinen Tag so, dass ich alle Termine immer vor die Abholzeit lege. Telefonate, E-Mails und Moderationstexte vorbereiten geht eben nur ab 13 Uhr. Wenn ich nicht kann oder gar nicht da bin, dann holt unsere Josefina ihn ab.

Ich habe das große Glück, dass ich mir das so einrichten kann. Nur wie ist das, wenn man einen geregelten Job hat, mit geregelten Arbeitszeiten von neun bis fünf? Wenn man nicht die Möglichkeit hat, von zu Hause zu arbeiten? Oder wenn nicht wenigstens ein Elternteil so viel verdient, dass der andere die Möglichkeit hat, für solche Eventualitäten Raum zu schaffen?

Ich erzähle meiner Nachbarin von Sams Kita-Schlafphobie.

»Sei froh, dass ihr euch das so einrichten könnt. Meine Tochter Bine hat die ersten drei Jahre immer bitterlich geweint, wenn ich sie zur Kita gebracht habe. Gleich nach dem Aufstehen ging es los und dann hat sie durchgeweint, bis ich sie dort abgegeben habe. Mein Mann war unter der Woche beruflich in Bremen und ich musste einfach wieder arbeiten.«

»Aber das ist ja furchtbar, wie hast du das denn ausgehalten?«, frage ich sie.

»Naja, was sollte ich machen? Ich musste arbeiten. Ich habe sie abgegeben und dann erst mal selber eine Runde geheult. Sobald ich weg war, war sie glücklich. Und wenn ich sie abgeholt habe, war sie auch quietschfidel. Aber ansonsten war es eine Tortur für uns alle.«

Ist es das, was Raffaella meint, wenn sie sagt: »Mit Kindern empfehle ich den Mut zur Lücke.«?

Nur muss man sich das ja auch leisten können. Ohne Kinder kann man sehr leicht der Illusion erliegen, dass man sein Leben voll im Griff hat und durchplanen kann. Mit Kind wird einem täglich vorgeführt, wie wahnwitzig diese Idee ist. Ich will um neun Uhr aus dem Haus, aber um 8:52 Uhr kotzt mir Sam auf die Bluse. Ich gehe früh ins Bett, um am nächsten Tag ausgeschlafen zu sein, Sam ist aber in der Nacht von drei bis sechs wach und ich bin am Morgen gerädert. Meine Woche ist generalstabsmäßig geplant, aber Sam bekommt hohes Fieber, Marc muss kurzfristig zu einem total wichtigen Termin in Frankfurt und die Babysitterin ist krank. Ich kann meinen Plan also in die Tonne treten.

Wie kann man das lösen? Es scheint wie eine Gleichung mit zu vielen Unbekannten. Ich komme mir vor wie ein Surfer, der sich durch hochhaushohe Wellen manövriert. Eine falsche Bewegung, und ich lande unter den Wassermassen. Eine kleine Unachtsamkeit, und ich verliere die Balance. Mit Kindern ist man auch automatisch Drahtseiltänzer. Es gibt keine Lösung. Nicht, wenn man so gestrickt ist wie ich und sich auch noch selber verwirklichen will.

Neulich habe ich irgendwo ein afrikanisches Sprichwort gelesen: »Es braucht ein Dorf, um ein Kind großzuziehen.« Um ehrlich zu sein, ich bin mir nicht sicher, ob ein Dorf ausreicht.

15. Juli,
19 ½ Monate

On a mission – von Männern und Frauen

Wir sind voll angekommen im ganz normalen Kinder-Kita-Berufsalltag. Wir jonglieren und lavieren uns durch die Woche, die unruhigen Nächte, das Zahnen und die 24-Stunden-Viren. Sam schläft noch immer nicht in der Kita.

Aber ich komme doch wieder häufiger dazu zu arbeiten und genieße es sehr.

Der erste Trip Ende Februar nach Mallorca war noch etwas so Außergewöhnliches, dass ich jede Sekunde genoss und ich mein Glück kaum fassen konnte. Die drei Tage waren jobmäßig tatsächlich so easy, dass ich einfach die Sonne Mallorcas genießen konnte. Am ersten Abend waren wir zusammen essen, das ganze Team und der Kunde. Es war einfach herrlich, ohne Blick auf die Uhr (»Wann habe ich dem Babysitter noch gesagt, dass ich nach Hause komme?«) Tapas zu essen, Wein zu trinken und in Gespräche vertieft zu sein. Am nächsten Tag probten wir zwei Stunden und dann schlenderte ich über die

Märkte und trank Kaffee in der Sonne. Was für ein Leben. Mein schlechtes Muttergewissen hatte zum Glück den Flug verpasst. Von zu Hause kamen per SMS nur Bilder von einem glücklichen, mit Tomatensoße verschmierten Sam, der die ungeteilte Aufmerksamkeit seiner Oma in vollen Zügen genoss. Nach drei Tagen kam ich als glückliche Mama, die mal wieder den Duft der weiten Welt in der Nase gehabt hatte, nach Hause und freute mich unbändig auf meinen Sohn. Der war völlig entspannt und glücklich.

Jetzt ist das Reisen und das Organisieren einfach Alltag. Ohne Josefina wäre ich allerdings aufgeschmissen. Sie ist unsere gute Fee. Sam liebt sie und ich vertraue ihr blind. Wenn ich denke: »Verflucht, ich habe vergessen, die Wäsche von vorgestern aus der Trommel zu nehmen und wir haben kaum noch Windeln«, dann komme ich nach Hause und sie hat Windeln gekauft und die Wäsche noch mal gewaschen und aufgehängt. Ohne sie würde unser fragiles Gebäude zusammenbrechen. Marc arbeitet wie ein Wahnsinniger. Meine Arbeitszeiten sind nach wie vor unregelmäßig. Ich bin diejenige, die zu Hause die Zügel in der Hand hält und die To-do-Listen schreibt. Ich bin diejenige, die nachts noch die Wohnung komplett aufräumt und die Wäsche faltet, bevor ich am nächsten Morgen wegfahre. Mein Perfektionismus hat sich leider nicht an das neue Leben angepasst. Er kostet einfach nur noch mehr Kraft.

Josefina ist mir zum Glück sehr ähnlich.

»War alles gut«, flüstert sie mir zu, als ich einmal spätabends nach Hause komme. »Aber ich habe Sam gestern einmal umgezogen. Das T-Shirt, das Marc ihm angezogen hatte, passte nicht zur Hose.«

Sie kennt mich, sie weiß, dass ich am liebsten an allen Orten gleichzeitig sein würde, um sicherzugehen, dass alles so läuft, wie ich das möchte.

Mir ist auch klar, dass ein »falsches« T-Shirt Sam völlig egal ist und es auch keine Auswirkungen auf sein weiteres Leben haben würde. Aber ich kann nicht aus meiner Haut. Und ich will auch nichts abgeben.

Marc ist fürs leibliche Wohl zuständig. Der Kühlschrank ist immer voll, weil er niemals vergessen würde, den Wochenendeinkauf zu machen. Wir essen Coq au vin statt Nudeln mit Soße, weil er »endlich mal dieses neue Rezept ausprobieren« will.

Aber was die Ordnung in der Wohnung angeht, das Waschen der Wäsche, die Blumen in der Vase, der Läufer auf dem Esstisch, das ist mein Ressort. Was die Organisation des Alltags angeht, das liegt bei mir.

»Selbst schuld«, sagt Raffaella. Und sie hat damit Recht. Ich könnte mich natürlich auch entspannen und denken: »Ach, wen interessiert schon, dass Sam den Spinat vom Montag noch am Donnerstag auf dem T-Shirt hat? Und aufgeräumte Wohnungen sind total überbewertet. Verwelkte Blumen haben doch auch ihren Zauber und Himmel, Lucie, schlaf jetzt lieber, anstatt T-Shirts nach Farbe zu sortieren.« Aber ich kann nicht. Ich liege nachts wach und schreibe Listen, ich habe das Familienpuzzle im Kopf. Und während ich versuche, besser und schneller zu sein als James Bond, weiß Marc überhaupt nichts von meinen Problemen. »Manchmal bin ich neidisch, dass Marc das Chaos so ausblenden kann«, sage ich zu Raffaella, »als ob meine Meditationskurse bei ihm anstatt bei mir Wirkung zeigen würden.« Raffaella schüttelt den Kopf: »Nee, Lucie, das ist ja genau das Ding: Der muss nix ausblenden. Männer besitzen dieses Gen gar nicht. Denen reicht es, wenn die Schneise zur Tür frei ist, damit sie jagen gehen können. Sie SEHEN es einfach nicht.«

Es ist Samstag. Ich war für zwei Tage weg. Marc hatte sich freigenommen, weil Josefina nicht konnte. Er sitzt ganz glücklich im Totalchaos mit Laptop auf dem Schoß auf seinem Lieblingssessel und sieht fern – Bundesliga. Die Wohnung sieht aus wie nach dem Showdown eines Bandenkriegs, nichts scheint mehr da zu stehen, wo es eigentlich hingehört. Die Küche ist voll mit Töpfen und Geschirr. Unsere Wohnung erinnert mich an eine Junggesellenbude. »Alles okay?«, frage ich.

»Bestens«, strahlt Marc, »Sam schläft und wir gewinnen!« Ich schaue bei Sam ins Zimmer. Er liegt in seinem Schlafanzug (falscher, weil zu kurze Hose zu falschem Oberteil) im Bett, ist umringt von seinen Kuscheltieren und schnarcht zufrieden.

Marc hat die Ruhe weg. Er sieht das Chaos tatsächlich gar nicht. Zum Glück kriege ich die Kurve und statt eines Tobsuchtsanfalls einen Lachanfall. Ich beneide ihn. Einfach mal nicht sehen, dass die Putzfrau vergessen hat, das dritte Buch von rechts im Regal zu entstauben. Einfach glücklich im Sessel sitzen und Fußball schauen. Ich glaube, ich brauch ein Mantra wie »Lucie, laissez-faire, laissez-faire, laissez-faire«. Wenigstens vorübergehend.

18. August,
20 ½ Monate

Doch ein klitzekleines bisschen fördern?

Ich muss sagen, ich bin sehr stolz darauf, dass ich mich für die kleine Hippie-Kita entschieden habe. Ich finde das irrsinnig bodenständig von mir und wir fühlen uns in der Kita auch wirklich sehr wohl. Auch Raffaella, die ja bekennender Fan des dänischen Familientherapeuten Jesper Juul ist und den Kita-Förder-Wahnsinn geradezu obszön findet, lobt mich schmunzelnd: »Lucie, ich bin wirklich stolz auf dich. Ich hatte ja befürchtet, dass du dich voll auf den Irrsinn einlässt. Hätte nicht gedacht, dass du so vernünftig sein kannst. Anscheinend ist dann ja doch die wichtigste Message aus den Jesper-Juul-Büchern hängen geblieben: Lasst eure Kinder in Frieden!« Ich sehe sie voller Empörung an: »Was hältst du eigentlich von mir?«

Aber so 100 Prozent sicher bin ich mir mit meiner Kita-Entscheidung dann doch nicht. Im Grunde bin ich zufrieden, aber manchmal hätte ich so gerne ein bisschen, nur ein klitzekleines bisschen mehr, naja, wie soll ich sagen … Förderung ist so ein doofes Wort, aber naja, nennen wir es ruhig so. Denn die Kita zieht ihr Programm genauso durch, wie die Leiterin es mir bei unserem ersten Gespräch beschrieben hatte: Sie gehen viel raus mit den Kindern, basteln, pflanzen im Frühling Blumen in den Kitagarten und einmal in der Woche kommt ein Musiklehrer mit seiner Gitarre. Fehlt da nicht vielleicht doch etwas mehr Input?

An einem sonnigen Nachmittag sitze ich auf dem Spielplatz und höre, wie sich zwei Mütter unterhalten.

»Also, bis zum zweiten Lebensjahr bilden sich ja die Synapsen«, höre ich die eine zu der anderen sagen, »man muss also zusehen, dass man bis dahin die wirklich wichtigen Weichen gestellt hat!«

Ach, du Scheiße! Das wusste ich gar nicht! Nur bis zum zweiten Lebensjahr?! In mir steigt die Panik hoch.

Sam ist ja bereits 21 Monate alt und ich habe aus lauter Unwissenheit fast das Zeitfenster der Synapsenbildung verpasst! Was kann ich ihm denn in den nächsten drei Monaten jetzt noch alles eintrichtern? Welche Kurse für Frühförderung gibt es noch, die wir belegen können? Musikfrüherziehung? Immer gut, musikalische Menschen mag ich und in der Kita sagen sie auch immer, dass Sam total auf den Musikunterricht steht. Oder steht er nur auf den Lehrer? Keine Ahnung, egal. Musikalische Früherziehung wäre eine Möglichkeit. Aber was ist mit Fremdsprachen? Ich glaube, das Thema haben wir ganz gut abgedeckt. Marc und ich sprechen Englisch zu Hause. Ich muss Marc nur mal eintrichtern, dass er in den nächsten drei Monaten nicht so viel Slang verwendet. Nicht, dass Sam so eine Dumpfbacke wird, die jeden Satz mit »Yo, man!« beginnt. Oder noch schlimmer, ein Legastheniker. Es stimmt, Chinesisch kann keiner von uns, aber man sagt ja, wenn das Kind bilingual aufwächst, dann ist jede weitere Sprache ein Klacks. Eventuell sollte ich aber doch überlegen, einen chinesischen Babysitter zu suchen. Oder lieber Spanisch? Was wohl jetzt die nächste Weltsprache werden wird? Ich muss das noch mal googeln. Aber das Thema dritte Fremdsprache kommt nicht auf meine Prioritätenliste.

Was könnte man noch fördern? Ich denke fieberhaft nach. Mathematik? Körpergefühl? Sinn für Stil? Farblehre? Malen? Da muss mein Bruder Valentin ran. Er ist Künstler, soll er Sam das beibringen. Ich werde ihn mal fragen, ob Sam jetzt jede Woche einmal zu ihm ins Atelier kommen kann. Oder lieber zweimal? Und was ist mit Tieren? Delphinschwimmen wäre bestimmt gut. Aber wo kriege ich jetzt einen Delphin her? Und ich glaube nicht, dass wir es in den nächsten drei Monaten nach Mexiko oder Florida schaffen. Zählt auch Schwimmen mit Goldfischen? Die könnte ich bestimmt besorgen und die passen auch in unsere Badewanne rein. Mein Hirn rotiert. Ich habe das Gefühl, es überhitzt. Wahrscheinlich, weil meine Synapsen nicht richtig gefördert wurden, bevor ich zwei Jahre alt wurde. Ich muss mal ein paar ernste Worte mit meiner Mutter reden. Ich versuche, auf meinem Handy »Früherziehung in Berlin« zu googeln. Es kommen unendlich viele Kurse, aber woher weiß ich, welcher gut ist? Die Zeit drängt. Das Ticken der »Synapsenuhr« höre ich schon die ganze Zeit wie einen Soundtrack in meinem Kopf. In Endlosschleife.

Die beiden Mütter unterhalten sich immer noch. Ich werde sie einfach fragen. Die scheinen ja zu wissen, wie es richtig geht. Und sich nicht wie meine Freundin Raffaella zu schick dafür zu sein, alles Erdenkliche zu tun, damit das Kind eine sichere Zukunft hat.

»'tschuldigung, ich habe gerade gehört, dass ihr über Frühförderung gesprochen habt. Ich suche tatsächlich was für meinen Sohn, könnt ihr mir da was empfehlen?«, frage ich so schüchtern wie ein Groupie nach einem Autogramm.

Beide Frauen drehen sich zu mir. Die Wortführerin fragt: »Ist das dein Sohn?«, und zeigt auf Sam, der im Sandkasten sitzt und seine Hände durch den Sand schiebt. Ich nicke. »Aber der ist doch schon bestimmt älter als zwei!«, erwidert sie.

»Nee, nee«, antworte ich schnell, »großer Papa!« Und dann schiebe ich noch schnell eine schamlose Lüge hinterher: »Der ist knapp 20 Monate alt.«

»Ach so«, antwortet sie, »da bist du aber trotzdem spät dran. Hast du denn bisher gar nichts gemacht?«

»Dooooch, na klar«, lüge ich weiter, »aber wir waren bisher in München und sind jetzt gerade erst zurück nach Berlin gekommen, und ich suche ja schon wie wahnsinnig! Du weißt ja, wegen Synapsenbildung und Zeitfenster und so.«

Sie nickt eifrig. Die beiden Stichwörter scheinen wie das »Sesam öffne dich« zu Aladins Goldschatz.

»Also«, flüstert sie und beugt sich vor, »es gibt da einen Kurs in Wedding bei einer Russin. Und ich sage dir, die weiß, wie man Kinder fördert. Als Erstes testet sie die Stärken, damit man nicht in die falsche Richtung fördert, sondern eben die Talente eines Kindes.« Ich nicke eifrig. Das hört sich zwar nach einem Bootcamp an, aber was soll's? Das Erinnerungsvermögen von Kindern soll ja erst ab vier Jahren einsetzen, das heißt, Sam wird vergessen haben, dass ich ihn ein bisschen getriezt habe, und mir dann nur noch dankbar dafür sein, dass er acht Sprachen sprechen kann, dabei gleichzeitig einhändig Mozarts Symphonien für vier Hände spielt und wahrscheinlich bereits den Sonderpreis von »Jugend forscht« in der Tasche hat.

»Ich gebe dir mal ihre Telefonnummer. Bestell ihr viele Grüße von Rebekka«, haucht mir meine neue Spielplatzfreundin zu. Ich bedanke mich überschwänglich und schaue glücklich auf meinen Sohn, dessen Leben gerettet scheint und doch noch eine gute Wendung nimmt. Sam sitzt immer noch im Sandkasten und lässt verträumt den Sand durch seine Hände rieseln.

»Oh Gott«, denke ich, »der braucht wirklich dringend Förderung. Wie konnte mir das nur passieren?«

Ich rufe gleich Frau Kusnezowa an und mit viel Betteln und Flehen (»Das ZEITFENSTER!! Biiiiitte!«) dürfen wir gleich am nächsten Tag vorbeikommen. Was für ein Glück. Leider ist dieser nächste Tag ein Freitag. Und freitags ist Sam immer total erschöpft von der Kitawoche, so wie wir auch am Ende einer harten Arbeitswoche. Soll ich ihn vielleicht morgen zu Hause lassen? Aber ich habe Termine, die ich nicht absagen kann. Marc ist nicht da, Josefina hat Vorlesungen. Aber alles Jammern nützt ja nichts, wir müssen nach der Kita hin. Die Zukunft steht auf dem Spiel.

Am Freitag um 15 Uhr hole ich Sam ab und wir setzen uns in die U-Bahn nach Wedding. Für alle Nichtberliner: Wedding steht eigentlich für 30 Prozent Ausländeranteil, die besten Dönerbuden und 1A Friseure, wenn man Rasterzöpfe haben möchte. Marc schwört auf das Lammfleisch und das Gemüse, das man hier in den türkischen Läden kriegt. Aber der Stadtteil steht jetzt nicht unbedingt an Platz 1 für den *melting pot* der intellektuellen Elite. Man würde also nicht vermuten, dass sich hier DAS Bootcamp für alle förderfähigen Kinder unter 2 Jahren befindet.

Frau Kusnezowa wohnt in einem alten, prächtigen Altbau mit hohen Decken und Stuck. Sie erfüllt alle Klischees, die ich für eine russische Dame Anfang sechzig parat habe: Klein, füllig, gigantischer Busen, mit Goldschmuck behangen, viel Make-up und noch mehr Parfum. Ihre Stimme ist durchdringend, wie die eines rauchenden Matrosen, und wenn sie redet, dann vibriert sogar das Parkett, auf dem wir stehen.

Sam und ich fangen als Erstes an zu niesen. Zu viel Parfum hat immer diese Auswirkung auf meine Nase und ganz eindeutig auch auf die meines Sohnes. Frau Kusnezowa lacht schallend über unsere Niesattacke: »Ach, isse gutes Zeichen! Wenn man mehr als fünfmal niest, dann kommt Geld.«

Sie hat zwar diesen gurgelnden Singsang, ist mir aber grammatikalisch eindeutig überlegen.

»Oi, und du bist Sam«, sagt sie und will ihn auf den Arm nehmen. Aber Sam will nicht. Er ist nur an den künstlichen Blumen interessiert, die eine überdimensionale Bodenvase ausfüllen.

»Ach, ein Blumenliebhaber!«, kommentiert Frau Kusnezowa Sams Neugierde und schiebt ein wissendes »Aha!« hinterher. Was heißt das? Ist das gut oder schlecht?

»Wir werden sehen«, sagt sie, als hätte sie meine Gedanken lesen können. »Kommt in den Nebenraum, der Kurs beginnt gleich.«

Wir gehen in den Nebenraum, in dem zehn weitere Mütter und ihre Kinder warten. Als Frau Kusnezowa eintritt, herrscht sofort Stille. Auch ich bin ganz still. Nur Sam quietscht und will zu den anderen Kindern. »Neein, Sam, jetzt ist erst mal Ruhe. Disziplin ist ganz wichtig für Kinder, Lucie. Das ist das A und O. Sonst lernen sie nichts. Gar nichts! Verschwendete Zeit!« Auweia, wir sind noch keine fünf Minuten hier und schon bekomme ich die erste Rüge. Sam sitzt jetzt auf meinem Schoß. Ich schaue mich um. Alle starren wie gebannt auf die Heilsbringerin da vorne, niemand will etwas verpassen. Alle hängen an ihren Lippen, während sie über Disziplin und Regeln referiert.

Woran erinnert mich das? Ach ja, an meine Ballettlehrerin. Als Kind liebte ich das Ballett, wie wahrscheinlich die meisten Mädchen. Vor allem wegen des Tutus. Ich hatte mir eins in Pink und mit Glitzerrock ausgesucht. Das in Blassrosa war mir nicht auffällig genug. Ich übte, übte, übte mein Plié und den Spagat in jeder freien Minute und war stolz wie Bolle, wenn Ludmilla mich lobte. Und dann wechselte die Lehrerin. Statt der lustigen Ludmilla kam Jolanka, wahrscheinlich eine Schwester von Frau Kusnezowa. Die beiden sehen sich zum Verwechseln ähnlich und haben anscheinend das gleiche Lieblingsthema: Disziplin.

Jolanka sorgte dafür, dass ich in kürzester Zeit keinen Spaß mehr am Ballett hatte. Ich mochte nicht, wie sie mir die Füße verdrehte und mir »Rücken gerade, Lucie!« oder »Bein höher« entgegenschrie. Ich legte mein glitzerndes Tutu mit den Spitzenschuhen in die Karnevalskiste.

»Was machst du hier, Lucie?«, schießt es mir durch den Kopf. Ich schrecke aus meinen Gedanken hoch. Frau Kusnezowa referiert noch, Sam ist auf meinem Schoß eingeschlafen. Schlaues Kind. Ich versuche, ganz leise mit meinem schlafenden Kind aufzustehen. Frau Kusnezowa unterbricht ihre Lektion und schaut mich böse an.

»Ich muss mal auf die Toilette«, formen meine Lippen, und ich versuche, über das quietschende Parkett zur Tür zu schweben. Irgendwie erwische ich aber nur die lauten Holzplanken.

»Disziplin ist auch für Müütter seeeehr wichtig!«, schallt es mir hinterher. Ich nicke.

»Das nächste Mal gehst du bitte vorher!«

Ich ziehe die knarrende Tür hinter mir zu, spurte zur Garderobe und fliehe mit Sam aus dem Haus. Mit Kinderwagen jogge ich die Straße hinunter.

»Oh Mann, Lucie«, rede ich mit mir selber, »was war denn das bitte? Bist du von allen guten Geistern verlassen!?«

Je weiter ich mich von dem Haus entferne, desto peinlicher wird mir mein ganzes Unterfangen.

»Ich wollte doch nur nichts verpassen«, debattiere ich weiter. Ich laufe den ganzen Weg nach Hause. Ich schimpfe mit mir, muss über mich lachen und schwöre mir, diese Episode als mein süßes Geheimnis ganz für mich zu behalten.

In einer kleinen Seitenstraße kurz vor unserer Straße komme ich an einem kleinen Musikladen vorbei. Durch das Fenster sehe ich eine ältere, gemütliche Dame hinter einem Tresen sitzen. Im Fenster hängt ein Schild: »Musikalische Früherziehung für Kinder«. Ich halte an. »Noch nicht genug für heute?«, fragt eine Stimme in meinem Kopf. »Ich will ja nur mal fragen …«, murmle ich und gehe hinein.

»Ich habe gerade Ihr Schild gesehen«, sage ich, »und ich wollte fragen, für welches Alter Sie denn den Kurs anbieten?«

»Wie alt ist denn Ihr Kind?«, fragt sie und betrachtet Sam, der immer noch schläft.

»21 Monate«, jetzt zählt nur noch die Wahrheit.

»Und geht er schon in die Kita?«, fragt sie weiter.

»Ja, seit Mai«, antworte ich.

»Na, das ist doch vielleicht erst mal auch genug. Wollen Sie nicht im nächsten Jahr wiederkommen?«, rät sie mir.

»Ja schon, aber Sie wissen doch, es gibt da dieses Zeitfenster mit den Synapsen und so … und man sollte doch so viel wie möglich in die ersten 24 Monate packen, oder?«, stottere ich weiter.

Sie lächelt mich milde an: »Wissen Sie, das Gras wächst auch nicht schneller, wenn man daran zieht. Und was genau soll Ihr Sohn denn in den nächsten 70 oder vielleicht auch 80 Jahren machen, wenn nur die ersten 24 Monate von Bedeutung sind?«

Erwischt. Sie hat mich erwischt. Ich war so paralysiert von der Info über das »Zeitfenster«, dass ich die nächsten Jahrzehnte völlig ausgeblendet habe.

»Danke«, sage ich kleinlaut. Am liebsten würde ich sie nach ihrer Telefonnummer fragen. Dann könnte ich sie immer wieder anrufen, wenn mich das Schlittschuhmutter-Syndrom befallen sollte. Aber ich weiß ja jetzt, wo ich sie finde.

15. September,
21 ½ Monate

Ist noch Platz in der Schublade?

»Die Lucie«, sagt meine Freundin Lili aus Köln immer, »die hat so eine eingebaute Arroganz, die anscheinend genetisch bedingt ist. Man kann es auch das ›Marshall-Gen‹ nennen.«

Wenn ich mich dann lauthals beschwere und sage: »Aber Lili, komm, soooo schlimm kann es doch gar nicht sein«, dann lacht sie nur laut und macht sich über mich lustig: »Oh doch, Lucie!«

Und unter uns gesagt: Sie hat leider ein bisschen Recht. Wenn auch nur ein ganz kleines bisschen. Und auch nicht immer. Und ich schwöre, ich versuche es mir wirklich abzugewöhnen und es ist wirklich schon besser geworden.

Ein typisches Beispiel für das »Marshall-Gen« ist mein Schubladendenken. Ich sehe jemanden, und bevor er oder sie ein Wort gesagt oder auch nur mit der Wimper gezuckt hat, liegt die betreffende Person bereits in einer Schublade. Zack, drin. Manchmal geht es so schnell, dass ich selber gar nicht hinterherkomme (was für die Theorie spricht, dass es eine genetische Veranlagung ist und ich nichts dafürkann).

Ich sehe jemanden aus dem Augenwinkel und mein System schaltet auf »EINSORTIEREN!«. Und dann ist es auch schon vorbei und ich überhole mich selber – und zwar von rechts. Meine Schubladen haben Labels wie »Interessant« mit Unterkategorien wie »Schöne Schuhe«, »Spitzenhumor«, »Wo lässt die ihre Strähnen machen?«, »Großartige, laute Lache«, »Nagellack passt zum Hosenknopf« oder »Gute Figur«. Die Schublade »Uninteressant« hat keine Unterkategorien, denn mein Radar blendet den gesamten Inhalt der Schublade praktisch aus.

Es ist furchtbar. Manchmal habe ich den Eindruck, ich kann so viele Bücher vom Dalai Lama und von Paulo Coelho lesen, wie ich will. Das Gen und seine Disposition sind stärker.

Meinem Sohn habe ich es nachweislich nicht vererbt. Wir sitzen auf dem Spielplatz mit vielen anderen Müttern und mein Sortiersystem läuft auf Hochtouren. Sam interessiert das alles nicht. Er geht zielstrebig auf ein Kind mit einem ordentlich gekämmten Haarschnitt und einer wirklich wahnsinnig spießigen Hose zu. Seine Mutter sitzt daneben. Sie wurde von mir schon längst in der Schublade »Uninteressant« eingetütet, ohne dass ich es bemerkt habe. Farblose Hose, farblose Sandalen, irgendwie alles farblos.

Sie checkt E-Mails auf ihrem Telefon, während es in meinem Kopf rattert: »Mann, Sam, hier drüben spielt doch so ein zauberhaftes Mädchen mit rotem Lockenkopf. Ich glaube, ihr Kleid ist von Stella McCartney. Und die Mutter sieht auch so nett aus. Die trägt so tolle Ketten, geh doch mal zu denen …« Aber nichts dergleichen. Während ich versuche, meinen Sohn wie einen Hund mit einem Leckerli zu manipulieren (»Komm, Sam, lass uns hier eine Sandburg bauen!«), bleibt er bei den Spießern stehen und fängt auch noch an, mit dem Scheitelsohn zu spielen. Verflucht, verflucht, verflucht.

Wohl oder übel folge ich Sam und setze mich in sicherer Entfernung zu den beiden an den Rand des Sandkastens.

Die Mutter nickt mir zu, ich nicke zurück. Sie packt ihr Handy in ihre Handtasche (farblos) und schaut sich auf dem Spielplatz um.

»Wenn mir jemand gesagt hätte, dass ich mit Kind die meiste Zeit auf einem Spielplatz verbringen würde, dann hätte ich mich erschossen …«, sagt sie.

Redet sie mit mir? Ich schaue sie an.

Sie redet weiter: »Sorry, *no offense,* aber ich langweile mich immer zu Tode. Und dann diese vielen Mütter. Zu viele auf einem Haufen, wenn du mich fragst.«

Moment mal, so redet doch keine Madame Farblos, bilde ich mir das gerade nur ein?

»Und dann gibt es hier noch nicht mal was Ordentliches zu trinken. Immer nur Kaffee. Ist ja okay, aber wo ist der Schuss für den Kaffee?«

Ich muss lachen. Die ist ja total lustig. Und anscheinend hat sie sich in Rage geredet, denn sie ist gar nicht mehr zu bremsen.

»Die wollen doch das Kiffen legalisieren, oder? Das ist doch nicht nur in der Schmerztherapie sinnvoll, sondern auch für Mütter auf Spielplätzen!«, fährt sie fort und lacht so dreckig, dass sogar ich kurz zusammenzucke.

Oh verflucht, Lucie, denke ich, da bist du aber deinem Marshall-Gen mal wieder ganz schön auf den Leim gegangen. Miss Farblos ist eigentlich eine Kodderschnauze, wie man hier in Berlin so treffend sagt. Die unterhält wahrscheinlich problemlos die ganze Reeperbahn, wenn sie sich mal warmgelaufen hat.

»Ich bin übrigens Tina«, sagt sie.

»Lucie«, erwidere ich, »freut mich.«

Wir sitzen auf dem Rand des Sandkastens und verquatschen den ganzen Nachmittag. Tina ist nur zu Besuch in Berlin, morgen geht es zurück nach Hamburg. Es ist mit Sicherheit einer der unterhaltsamsten Nachmittage, die ich je auf einem Spielplatz erlebt habe. Um sechs Uhr packen wir unsere Jungs ein und verabschieden uns.

»Na, das war doch mal ein lustiger Nachmittag«, sagt Tina. Allerdings war es das.

Auf dem Nachhauseweg schaue ich meinen Sohn an: »Sag mal, Sam, warum bist du eigentlich so schlau?« Er ignoriert meine Frage.

Ich muss wirklich mein Marshall-Gen besser in den Griff bekommen. Kann man da nicht operativ etwas machen? Wie bei den Tomaten und den Schafen? Oder wie funktionierte das noch gleich mit der Genmanipulation?

»So, Lucie«, sage ich mir, »und die Moral von der Geschicht'? Immer die Schublade einen Spalt weit offen lassen, damit die armen Menschen eine Chance haben, wieder herauszukommen.«

Wenn das so weitergeht, dann macht mich mein Sohn tatsächlich noch zu einem besseren Menschen. Auweia.

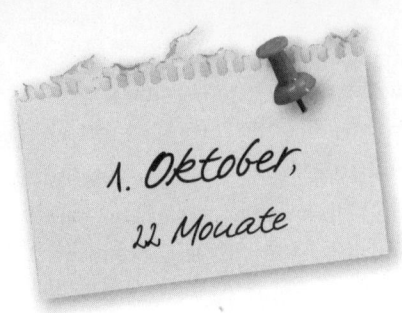

1. Oktober,
22 Monate

Och, was für ein süßer Papi!

Was macht man, wenn die Kita anruft und sagt: »Sam hat sich übergeben und er glüht.«

Na klar, man lässt alles stehen und liegen und stürzt in die Kita. Gestern kommt so ein Anruf. Aber ich bin nicht zu erreichen, und darum erhält Marc den Anruf. Der sitzt aber gerade in einem Meeting mit acht Leuten (zwei Männern und sechs Frauen). Vom Vorstand des Unternehmens bis zur Projektleiterin sind alle vertreten.

»Entschuldigung«, sagt Marc, »ich muss leider gehen. Das war die Kita und mein Sohn ist krank.«

Einen Augenblick lang wird er verdutzt angesehen, natürlich vor allem von den zwei Männern (»Hat der keine Frau?«), dann verlässt er den Raum.

Er holt unseren fiebernden und kotzenden Sohn ab. Auf dem Rückweg erreicht er mich telefonisch und wir treffen uns zu Hause.

»War das jetzt doof, dass du gehen musstest?«, frage ich ihn.

»Och«, erwidert er, »so ist das halt mit Kindern.«

Ja, das stimmt ja auch. So ist das halt, wenn man Kinder hat und beide arbeiten. Aber viel interessanter ist, was dann passiert.

Denn während ich rotiere und nach einem Plan B suche, um die nächsten Tage zu überbrücken und keine Termine absagen zu müssen, weil ich ein krankes Kind zu Hause habe, wird Marc mit Komplimenten überhäuft. Alle sechs Damen lassen es sich nicht nehmen, ihn anzurufen oder E-Mails zu schreiben, um sich nach Sams Befinden zu erkundigen. Selbst einer der Vorstandsvorsitzenden hakt nach, ob denn alles okay sei. Marc erntet also für diesen stinknormalen Vorgang schmachtende Blicke der Mitarbeiterinnen (»Oh Gott, ich hoffe, ich finde auch mal so einen tollen Vater für meine Kinder …«), und es fehlt eigentlich nur, dass man ihm den Orden »Held des Jahrtausends« verleiht. Ich finde, das ist eine ausgemachte Frechheit.

Ich weiß nämlich ganz genau, wie es gewesen wäre, wenn ich aus so einem Meeting hätte rausgehen müssen. Da hätte ich aber ganz schnell Blicke geerntet wie: »Die hat ihr Leben nicht im Griff« oder »Das nächste Mal buchen wir mal lieber jemand anderen. Das ist ja total unsicher mit der.« Bei mir hätte maximal vielleicht eine der Frauen nachgefragt, ob alles okay sei. Der Rest hätte gedacht: »Großartig, die schießt sich gerade selber ins Aus.« Und die Männer hätten gedacht: »Verflucht, das nächste Mal nehme ich doch lieber die ohne Kind.«

Und was mich noch rasender macht, ist die Tatsache, dass Marc damit auch noch kokettiert und sich selbst großartig findet. Auch wenn er mir gegenüber betont, wie bescheuert er es findet und wie ungerecht es doch sei, badet er in den schmachtenden Blicken und dem Lob. Als ich ihn anblöke, er solle sich mal bloß nicht so sonnen in dieser vollkommen überflüssigen Lobhudelei, schnappt er zurück: »Weißt du was, Lucie, ich finde es ja auch scheiße, dass so ein Ungleichgewicht herrscht. Aber ich darf mich ja wohl noch über Komplimente freuen, oder?«

Scheiße. Er hat Recht. ABER ICH FINDE ES SO UNGERECHT!!

Andererseits muss ich gestehen, dass ich auch nicht ganz frei von diesen sonderbaren Klischees und eigentlich überholten Rollenbildern bin. Denn auch ich finde zum Beispiel Männer, die Kinderwägen vor sich herschieben, unfassbar süß. Neulich unterhalte ich mich mit Raffaella über Männer und warum man wen sexy findet und sie sagt: »Also, die mit Kinderwägen sind schon süß!« und setzt hinterher: »Aber das darf man auch nicht laut sagen.« »Aber nicht die mit Tragetüchern«, füge ich hinzu.

Raffaella nickt: »Absolut! Tragetücher sollten nur Mütter tragen. Das wirkt irgendwie waschlappenmäßig bei Männern.«

Das sollte man auch nicht laut sagen.

Was bei Marc als »sozial kompetent« ausgelegt wird, wird bei mir schlichtweg als »völlig unorganisiert« bewertet. Diese Zweierlei-Maß-Denke macht mich rasend. Die Gleichberechtigung ist ganz eindeutig noch lange nicht da, wo sie sein könnte. Bei meiner Freundin Lili ist der Alltag genau andersrum. Sie arbeitet mehr als ihr Mann und er ist eher derjenige, der zurücksteckt, wenn die Kinder mal krank sind. Sie haben natürlich dieselben Themen wie Marc und ich und 95 Prozent aller Eltern, nur sind die Geschlechter eben vertauscht. Lili arbeitet gerne und viel. Wenn sie ein Mann wäre, dann würde man das wahrscheinlich so gut wie gar nicht kommentieren und wenn, dann überhaupt so: »Ach ja, der arbeitet halt viel, der Arme.«

Aber aus ihrem Umfeld höre ich immer wieder hinter vorgehaltener Hand despektierliche Kommentare wie: »Also, wie kann man denn als Mutter …«

Ich sitze zum Kaffeetrinken bei meiner Nachbarin und erzähle schimpfend von dem Vorfall. Ihre Mutter ist gerade zu Besuch. Eine liebevolle, feine alte Dame. Sie sitzt mit uns am Tisch und schmunzelt über meine Schimpftirade.

»Ihr lebt in einer komplizierten Zeit«, sagt sie und nippt an ihrem Tee. Wir schauen sie fragend an.

»Na, früher war es einfacher. Mein Mann Karl war dafür zuständig, das Geld zu verdienen, und ich war für die Kinder zuständig. Wenn wir die Rechnung nicht bezahlen konnten, dann war das Karls Schuld. Wenn die Kinder sich nicht benahmen, dann war das meine Schuld. Heutzutage ist immer alles die Schuld von allen. Das ist kompliziert.«

Wir nippen stillschweigend an unserem Tee. Ich weiß schon, was sie meint. Und auch wenn es manchmal sehr verlockend klingt, alles in ein ganz einfaches, überschaubares Modell zu packen, kann ich es mir in letzter Konsequenz doch nicht vorstellen. Es wirkt dann eben doch wie ein Rückschritt. Irgendwie erinnert mich die momentane, ungenaue Rollenbeschreibung an die Rechtschreibreform. Die wievielte haben wir jetzt? Ich habe schon den Überblick verloren. Und richtig gut und sinnvoll ist nach wie vor keine, habe ich zumindest das Gefühl. Aber solche Prozesse dauern eben einfach lange.

I never promised you a rose garden! Wo habe ich noch diesen Satz gelesen? Keine Ahnung, aber er passt.

21. Oktober,
22 ½ Monate

In Kita sleefen

Jetzt ist Sam fast zwei Jahre alt und er will immer noch nicht in der Kita schlafen.

»Ich würde ihm das nicht durchgehen lassen«, kommentiert eine Bekannte den Zustand.

Durchgehen lassen? Lasse ich ihm tatsächlich zu viel durchgehen? Bin ich eine schlechte, inkonsequente Mutter? Lege ich ihm jetzt in die Wiege, dass er alles bekommt, wenn er nur laut genug schreit? Wir haben es zwischendrin noch mal probiert mit dem Mittagsschlaf in der Kita. Mit dem gleichen Ergebnis: Aufwachen, schreien und sich nicht mehr wirklich beruhigen, bis zum Abend. Ich wälze den Erziehungsratgeber »Babyjahre« von Remo Largo. Ich schätze an ihm, dass er keine Pauschalurteile fällt. Er sagt nicht: Das ist richtig und das ist falsch, sondern lässt immer viel Platz in alle Richtungen. Aber heute würde ich mir wahnsinnig wünschen, dass ich etwas in dem Buch finden würde wie: »Liebe Lucie, alles genau richtig!« oder eben

263

»Liebe Lucie, mach dir nichts vor. Greif mal durch!« Raffaella leiht mir Jesper Juuls »Das kompetente Kind«, aber auch hier finde ich keine Gebrauchsanweisung für meinen Sohn. Die verlangen alle so wahnsinnig viel Eigenverantwortung. Aber was ich jetzt suche, ist eine klare Ansage!

Ich rede noch mal mit dem Erzieher in der Kita und frage ihn, ob ich seiner Einschätzung nach Sam zu viel durchgehen lasse.

»Sam kann für sein Alter schon richtig viel. Der saugt alles auf und wenn er sieht, dass die älteren Kinder schon mehr können, dann setzt er sich hin und übt und übt, bis er es auch kann. Kinder sind so unterschiedlich, Lucie. Er scheint einfach im Moment noch sein Bett zu brauchen, um runterzukommen.«

Das hilft mir zwar nicht in meinem stressigen Alltag, aber als er die Worte ausspricht, fühlt es sich für mich total richtig an. Was hilft es? Ich bin die Mutter. Ich bin zurzeit am Nächsten dran. Und wenn es von außen betrachtet auch bescheuert aussehen mag, ich muss so entscheiden, wie ich es für richtig halte.

»Okay«, denke ich, dann halten wir das noch ein bisschen länger aus. Aber es ist unglaublich anstrengend und die Müdigkeit der letzten Jahre fordert ihren Tribut. Wenn ich nicht kann, dann holt ihn zwar Josefina ab, aber jeden Tag geht das auch nicht. Sonst explodiert mein Babysitterbudget. Also ziehe ich es tapfer durch. Ich hole ihn weiter ab, auch wenn meine Geduld und meine Kräfte wirklich täglich schwinden.

Vor zwei Tagen stand ich wieder einmal mit hängender Zunge vor der Kitatür. Sam strahlt mich an und sagt dann: »Mama, wolle hier sleefe.«

Ich bin total verdattert, der Erzieher grinst mich an:

»Na, Lucie, dann gehst du mal schön nach Hause und kommst um 15 Uhr wieder.«

Wie jetzt? Sam küsst mich noch einmal und dann rennt er in den Schlafraum.

Ich stehe auf der Straße vor der Kita und kann es nicht fassen. In dem Moment, in dem ich kurz davor war, wirklich nicht mehr zu können, entscheidet sich Sam, dass er dort schlafen will.

»Der hat gespürt, dass du es so willst! Das ist ja fast wie Abschiebung«, meldet sich mein schlechtes Muttergewissen.

»SCHNAUZE!«, brülle ich es laut auf der Straße an. Zwei Fußgänger wechseln verstört die Straßenseite.

Um 15 Uhr hole ich Sam ab. Er rennt mir entgegen und platzt fast vor Stolz.

»In Kita sleefe, Mama!«, brüllt er ganz laut. Er scheint zwei Meter gewachsen.

»Das ist das erste Kind, das sich selbst entschieden hat, wann es hier schlafen wollte«, sagt der Erzieher. Ist das ein Lob? Den Weg nach Hause hüpft Sam vor mir her.

Um ehrlich zu sein, ich bin so stolz wie Sam. Auf ihn, und auch auf mich. Mir ist oft der Geduldsfaden gerissen, ich habe so oft versucht, auf Biegen und Brechen meinen Willen durchzudrücken. Aber dieses eine Mal habe ich es geschafft, mich auf mein Kind einzulassen. Und die Erfahrung ist für uns beide großartig. Während er überglücklich darüber ist, dass er mit den großen Kindern zusammen in der Kita »sleeft« hat, bin ich irre stolz auf meinen Sohn, der so achtsam mit sich umgegangen ist. Er hat eine kluge innere Stimme und hört auch auf sie. Da hat er mir einiges voraus.

Ich habe zwar auch eine eigene innere Stimme, aber ich ignoriere sie gekonnt und wo es nur geht. Wenn beim Joggen mein Körper nach einer Pause brüllt, dann holt mein Ego die Peitsche raus. Während die Yogalehrerin sagt: »Nur so viel, wie es sich gut anfühlt!«, kugle ich mir lieber die Hüfte aus, als klein beizugeben.

Wenn spätabends im Restaurant alle nach Hause gehen wollen, dann höre ich eine Stimme, die meiner verflucht ähnlich ist, die sagt: »Kommt schon, Leute, einer geht noch! Und wollen wir dann nicht noch in die Karaoke-Bar?!«

Vielleicht sollte ich häufiger auf meinen kleinen Lehrmeister hören, der mir hier mit gutem Beispiel voranhüpft.

Am Abend erzähle ich Marc ganz gerührt von Sams eigener Entscheidung. Auch er ist gerührt. Und stolz. Ich kann gar nicht aufhören, davon zu erzählen und von Sam zu schwärmen und wie viel ich von ihm lerne, und irgendwie kriegt mich die Sentimentalitätskeule und ich weine vor Glück. Über Sam und das Leben im Allgemeinen und Besonderen. Und wiederhole mich und wiederhole mich und wiederhole mich.

Marc macht genau das Richtige in dieser Situation. Er öffnet eine Flasche Champagner, füllt zwei Gläser und reicht mir eins.

»Auf dich, Lucie, und auf Sam«, sagt er, »ihr macht das beide wirklich sensationell.«

Ich zucke zusammen: Darf man sich als Mutter feiern? Ist das nicht die selbstverständlichste Sache der Welt?

»Nein«, sagt diese Stimme, die sich gerne öfter melden darf, »es ist der verantwortungsvollste Job der Welt! Lass die Korken knallen und feier!«

30. November,
2. Geburtstag!

Und das ist erst der Anfang

Ich sitze auf der Couch. Nein, ich hänge auf der Couch. Es ist Abend, so was um halb acht rum. In meinen Ohren rauscht und klingelt es. Meine Fersen auf dem Boden sind das Einzige, was mich davon abhält, wie ein nasser Sack von der Sitzgarnitur zu rutschen. In der rechten Hand halte ich eine halbleere Flasche mit abgestandenem, lauwarmen Prosecco, mit der linken Hand kratze ich apathisch Waffelreste vom Couchkissen. Mein Blick gleitet über das Schlachtfeld. Was klebt denn da am Fernseher? Lieber Gott, lass es Schokolade sein. Ich nehme einen großen Schluck aus der Flasche. Gläser sind völlig überbewertet. Mein Sohn Sam trinkt schließlich auch hin und wieder noch aus der Flasche. Und da wir heute seinen zweiten Geburtstag gefeiert haben, darf ich das auch.

Eigentlich müsste ich jetzt aufstehen und mich umziehen. Denn Marc und ich hatten die glorreiche Idee, dass wir nach dem Kindergeburtstag ausgehen und unser zweijähriges Elterndasein feiern. In der Theorie hörte sich das sensationell an: Am Nachmittag den Kindergeburtstag und abends ein schönes, kleines, romantisches Restaurant, nur wir beide. Champagner trinken und darauf anstoßen, dass wir uns so gut durch die ersten zwei Jahre mit teilweise sehr stürmischer See manövriert haben. Aber wir hatten keine Ahnung, dass Zweijährige schon rauschende Rockstarpartys feiern können und ihre Erziehungsberechtigten dabei fix und fertig machen.

Ich höre, wie Marc versucht, Sam ins Bett zu bringen. Sam ist total überdreht. Er wechselt zwischen hysterischem Lachen und übermüdetem Weinen. Ich kann mich aber nicht bewegen, um zu helfen. Sogar eine leichte Drehung, um das Was-auch-immer-mich-in-den-Po-piekst unter mir wegzuziehen, ist zu viel. Ich hoffe, es ist ein Legostein. Ich verharre auf der Couch.

Vor mir liegt der Rest des Wohnzimmers im Chaos. Das ist eigentlich viel zu lieblich beschrieben. Es sieht eher aus, als wäre ein Wirbelsturm mit Windstärke 10 zu Besuch gewesen. Luftschlangen, zerknülltes und zerfetztes Geschenkpapier, tonnenweise Lego, Eisenbahnwaggons und Stofftiere. Auf dem Esstisch stapeln sich Teller mit Waffelresten in Lachen von Kakao und Apfelsaft, dazwischen stehen halbvolle Proseccogläser. Dabei waren es nur vier Kinder und deren Eltern. Aber wenn man Aufregung und Zucker in die Partygleichung mit einbezieht, dann kommt dieses Chaos dabei raus.

Ich starre in den dunklen Novemberhimmel und werde sentimental. Vor zwei Jahren waren wir um diese Uhrzeit auf dem Weg ins Krankenhaus. Vor zwei Jahren begann eine Reise, von der ich ganz andere Erwartungen hatte. Als hätte ich einen Urlaub in der Karibik gebucht und wäre mit Flipflops und Sommerkleidchen im Gepäck am Nordpol gelandet. Ich bekomme zwar sagenhafte Eisformationen, unterhaltsame Pinguine, große Eisbären und einen Sternenhimmel zu Gesicht, von dem ich keine Ahnung hatte, dass er existiert. Aber die Flipflops sind trotzdem nicht die richtige Ausrüstung und es dauert eine Weile, bis ich einen Eskimo finde, der mir ordentliche Stiefel gibt, und ich lerne, wie man ein Iglo baut.

Ich höre, wie Marc aus dem Kinderzimmer schleicht. Sam scheint eingeschlafen zu sein. Marc setzt sich neben mich auf die Couch und sackt auch sofort zusammen.

»Scheiße, bin ich fertig«, sagt er und starrt auch in den Himmel. »Wir müssten uns eigentlich mal umziehen, oder? Ich kann nicht mit dieser Schokoladenjeans vor die Tür und du hast Puderzucker im Gesicht und … irgendetwas anderes in den Haaren.«

Ich seufze. Ich kann mich immer noch nicht bewegen.

»Um diese Uhrzeit sind wir vor genau zwei Jahren bei Glatteis ins Krankenhaus gefahren«, sage ich.

Marc nickt. »Ja, das war krass.«

Wir sitzen stumm nebeneinander.

»Ich werde nie vergessen, wie uns die Schwester im ersten Krankenhaus strahlend mit HERZLICH WILLKOMMEN begrüßte und dann innerhalb von Sekunden hektische, rote

Flecken bekam, nachdem sie deinen Mutterpass kontrolliert hat«, sagt Marc. Ich nicke.

»Und ich werde nie vergessen, wie dieser Sanitäter im Rettungswagen auf dem Weg zum nächsten Krankenhaus wie versteinert vor mir saß. Und ich habe den angebrüllt: Gib mir diese scheiß schmerzstillende Spritze und halt dich nicht nur daran fest!!«, lache ich.

Wir hängen beide wieder unseren Gedanken nach.

»Das zweite Krankenhaus hatte den Charme einer Turnhalle«, fängt Marc wieder an.

»Ja, genau das habe ich auch gedacht, als ich da reingeschoben wurde.«

Er schmunzelt. »Weißt du eigentlich, dass mir Sven damals die Fußballergebnisse in den Kreißsaal gesimst hat?«

»Während ich mich da drinnen abgemüht habe?«, frage ich lachend.

Er nickt.

Alles ist ruhig in der Wohnung, bis auf ein kleines Licht im Wohnzimmer versinken wir im Halbdunkeln und in unseren Erinnerungen.

»Weißt du, welches Bild ich nie vergessen werde? Wie ich beim Notkaiserschnitt hinter diesem Vorhang liege und ich sehe, wie ein kleines Bündel in einem blassgelben Handtuch durch die Luft gehoben wird. Ich weiß nicht wieso, aber ich musste bei dem blassgelben Handtuch an Boris Becker denken.«

»An BORIS BECKER??«

»Ja, bescheuert, ich weiß. Und ich weiß bis heute auch nicht, wieso es gerade Boris Becker war.«

Wir starren beide wieder aus dem Fenster.

»Und weißt du noch, wie wir mitten in dieser Schneesturmnacht aus dem Krankenhaus geflüchtet sind? Mit diesem Winzling in seinem viel zu großen Schneeanzug? Und wir wussten nicht einmal, wie der Gurt des Maxi Cosis zuging«, fährt Marc weiter fort.

Ich muss lachen. Tatsächlich hatte ich einen Schneeanzug für sechs Monate alte Babys gekauft, weil ich mir damals nicht vorstellen konnte, dass mein Sam so klein sein würde, dass er in einen Anzug für Neugeborene passt.

Marc zieht sein Handy aus der Hosentasche und fängt an, durch die Fotos zu gehen.

»Das ist mein Lieblingsfoto«, sagt er und hält mir das Handy hin: Sam und ich liegen im Bett und schlafen. Wir liegen Nase an Nase. Er in meinen Arm gekuschelt. Ich sehe mir das Foto an und sofort erinnere ich mich an dieses Gefühl, mein Neugeborenes im Arm zu halten. Ich habe seinen Geruch in meiner Nase, ich höre sein Schmatzen und seine glücklichen Seufzer. Das war der erste Nachmittag zu Hause.

Marc geht weiter durch die Fotos: Ich im Schneidersitz auf der Couch, am Telefon halb arbeitend, Sam sitzt zwischen meinen gekreuzten Beinen.

Marc und Sam in München bei den WM-Spielen vorm Fernseher.

Marc und Sam in Italien bei unserem ersten, völlig vergeigten Urlaub. Sam war neun Monate alt, es regnete in Strömen, es war saukalt, die Ferienwohnung gefliest, und nach zwei Tagen sind wir drei mit fetter Erkältung wieder abgereist.

Wir schauen uns weiter Fotos an, sind ganz verzückt von unserem kleinen Sohn, der so gewachsen ist. Mürbe (von der Geburtstagsfeier) und sentimental (weil unser Sohn jetzt zwei Jahre alt ist) wischen wir uns die Tränen der Rührung aus den Augen. Wir erzählen uns die Anekdoten zu den Fotos, lachen über unsere Blauäugigkeit, mit der wir in dieses Abenteuer gestartet sind, sind verzückt von dem Glück, dieses Kind zu haben. Ganz in unserer eigenen Welt hängen wir aneinandergekuschelt mit Marcs Telefon in der Hand auf der Couch und reisen durch die Vergangenheit.

Die Wohnungstür geht auf. Unsere Babysitterin Josefina hat einen eigenen Wohnungsschlüssel. Sie steht vor uns im Wohnzimmer mit einem Pizzakarton in der Hand.

»Müsst ihr nicht los? Wolltet ihr nicht schick essen gehen?«, fragt sie erstaunt. Dann sieht sie unsere leicht verheulten, rührseligen Gesichter.

»Was ist denn mit euch los? Ist was passiert?«

»Nee, nee«, versuche ich zu erklären, »wir sind nur stolze Eltern eines Zweijährigen und … und … und sentimental …«

»Ooooch, ihr seid ja süß!«, lacht sie, »wollt ihr denn jetzt noch los?«

»Eigentlich schon, aber wir können uns leider nicht bewegen«, sage ich.

»Soll ich wieder nach Hause?«, fragt Josefina.

Marc und ich sehen uns an.

»Ehrlich gesagt: Ja«, antworte ich, »aber es wäre super, wenn du uns die Pizza dalassen könntest.«

Sie lacht: »Ich schenke euch meine Pizza Margherita mit extra Mozzarella zu Sams zweitem Geburtstag!« Und geht.

Marc und ich bleiben auf der Couch liegen. Wir setzen unsere Bilderreise fort, lassen das erste Jahr Revue passieren. Unseren Umzug nach München, unsere Monate dort.

»In München warst du einmal kurz davor zu gehen«, sagt Marc.

Ich nicke. Es stimmt. Es gab einen Moment, da war ich der Überzeugung, es sei leichter, allein mit Sam zu sein.

»Ich bin froh, dass du geblieben bist«, sagt Marc.

»Ich auch.«

Wir küssen uns. Die Pizza Margherita mit extra Mozzarella bleibt unberührt. Wir ignorieren das Chaos. Wir rollen uns über die Stofftiere, schieben das Lego aus dem Weg, das Geschenkpapier raschelt unter uns. Wir lieben uns im Kinderchaos. Ehrlich gesagt ist das tausendmal besser als ein schickes Restaurant. Und spontan, ganz nach meinem Geschmack. Irgendwie wie in alten Zeiten, ohne Kind.

Ich hatte diese Gedanken noch nicht ganz zu Ende gedacht, da höre ich plötzlich Sams Stimme. Aber nicht aus seinem Zimmer rufend, sondern direkt neben mir. Er sitzt da verschlafen in seinem Schlafsack mit wilden, abstehenden Haaren und sagt: »Will au piele.«

»Wo kommst du denn her?«, fragt Marc erschrocken und zieht irgendwie verschämt die Decke vom Sofa über uns.

»Will au piele!«, wiederholt Sam mit Schnuller im Mund.

»Ich habe doch letzte Woche zwei Stangen aus dem Gitterbettchen entfernt, damit er morgens alleine rauskann«, sage ich zerknirscht. Was für ein Fehler.

Sam wiederholt zum dritten Mal »Will auch piele!« und robbt im Schlafsack zum Lego. Woher nimmt der die Energie? Der müsste doch völlig fertig sein nach diesem wilden Tag.

Marc steht auf, nimmt Sam auf den Arm: »Nix da spielen, jetzt ist schlafen angesagt. Und für solche Aktionen ziehe ich dir was vom Taschengeld ab, wenn du mal eins kriegst.«

Er bringt Sam ins Bett. Kurz höre ich Protest, dann schläft er anscheinend kampflos wieder ein.

Marc kommt durch den dunklen Flur zurück.

»Wo waren wir stehen geblieben?«, sagt er mit tiefer Stimme, aber kaum hat er die Worte ausgesprochen, schreit er erschrocken auf und ich sehe nur schemenhaft, wie er im Flur der Länge nach hinknallt. Als würde ein Scherenschnitt einen Salto machen.

»Was machst du?«, schreie ich erschrocken auf.

Als Antwort bekomme ich ein Stöhnen. Zum Glück ist Sam durch Marcs Stunt und meinen Schrei nicht wieder aufgewacht. Ich hechte zu ihm und sehe, wie mein Mann halb nackt auf dem Rücken im Flur liegt. »Scheiße!«, stöhnt er mit unterdrücktem Schmerz, »ich bin auf irgendetwas ausgerutscht.«

Er greift an seinen Fuß, und tatsächlich: Dort hängt ein in Kakao getunkter, zermatschter Waffelrest zwischen seinen Zehen.

Das Schlimme ist, ich kriege in solchen Situationen immer hysterische Lachkrämpfe. Das war schon immer so. Ich weiß auch nicht warum. Ich vermute dahinter eine pure Übersprungshandlung. Die Kompensation des Schrecks. Ich lache also hysterisch, bis mir Tränen die Wangen herunterlaufen, während mein Mann sich die Waffelreste von den Füßen kratzt und kontrolliert, ob noch alles dran ist.

»Wie du … wie du …«, versuche ich zu sagen, »… du … durch die Luft …« Mehr kommt nicht raus vor Lachen.

Marc ist beleidigt: »Du könnest dir ja wenigstens mal kurz Sorgen machen.«

Ich versuche, ihm aufzuhelfen. Und von Lachflashs geschüttelt, geleite ich ihn in unser Bett.

»Ich glaube, ich habe mir den Rücken verrenkt«, murrt Marc. Ich pruste vor Lachen. Es sah einfach zu lustig aus.

»Ich mach dir eine Wärmflasche«, sage ich und versuche, mich zusammenzureißen. Klappt aber nicht.

Zehn Minuten später liegen wir nebeneinander im Bett. »Wo waren wir stehen geblieben?«, fragt Marc, und als ich mich zu ihm drehe, sagt er schnell: »Das war ein Witz! Ich kann mich kaum bewegen!«

Ich muss wieder lachen. Und er jetzt auch. Und so endet der zweite Geburtstag unseres Sohnes mit einem lädierten Vater im Bett und einer Mutter, die wie eine Zwölfjährige versucht, ihr Gekicher in den Griff zu kriegen.

»Und das ist erst der Anfang …«, murmelt Marc, bevor er selig schnarcht.

Ja, das ist erst der Anfang. Aber ich würde sagen, ein verflucht guter. Und ich kann es kaum erwarten, wie es weitergeht.

»Gute Nacht«, sage ich und küsse meinen schlafenden Mann, bevor ich mich selber umdrehe und, immer noch kichernd, endlich auch in den Schlaf sinke.

Danke

Von ganzem Herzen danke ich meiner Freundin und Lektorin Kerstin Schöps, die von der ersten Schreibsekunde an unermüdlich alle Umwege mit mir gegangen und alle Berge mit mir erklommen hat.

Ich danke meinen Freundinnen Alexandra, Annette, Heike, Jasmin und Josephine, die mich auf diesem Weg begleitet, getragen und angeschoben und wenn nötig auch geschubst haben. DANKE!

Herzlichsten Dank unserem Haus »Melrose Place« und allen bezaubernden Nachbarn, ohne deren Hilfe (»Dein Sohn kann gerne bei uns spielen und essen und baden.«) ich wahrscheinlich heute noch auf Seite 47 stecken würde.

Großer Dank gebührt auch meiner Agentin Petra Eggers, auf deren Unterstützung, Temperament und Humor ich immer zählen kann.

Sehr dankbar bin ich ebenfalls Monika König von der Verlagsgruppe Random House, die bereit war, alle Kämpfe mit mir durchzufechten und nie ihre gute Laune dabei verloren hat.

Ich danke sehr Angelica Bahlke für ihr einfühlsames Lektorat und dem ganzen Team von Random House, das Lucie Geburtshilfe geleistet hat.

Ich danke meiner Mama, die riesiges Vertrauen in mich hat und immer gesagt hat: »Du machst das schon!« Und meinem Bruder Florian, der sich selbst immer treu bleibt und mir damit eine große Inspiration ist.

And last but definitely not least danke ich meinem Mann David und meinem Sohn Noah. *I love you to bits.* Ihr seid mein Ein und Alles.

Neues von der Wickelfront

Jungpapa Thomas Richter gibt in seinem Erfahrungsbericht wichtige Überlebenstipps für werdende Väter. Ehrlich, witzig und authentisch – ein Lesevergnügen nicht nur für junge Eltern!

Das Überlebensbuch für Väter

GOLDMANN

272 Seiten
ISBN 978-3-442-17442-3
auch als E-Book erhältlich